Pucherts Helmut, dem Förster seiner

Über den Autor:

Dr. Helmut Puchert wurde am 20. November 1922 in Ehrsten, Kreis Hofgeismar geboren. Er war der Sohn von Carl Friedrich Puchert, der von 1928 bis 1952 das Amt des Revierförsters in dem kleinen nordhessischen Dorf Friedrichsfeld bekleidete. Helmut Puchert verbrachte, bevor er in den Krieg ziehen musste, seine gesamte Jugend vom 6. bis zum 18. Lebensjahr (1928 – 1940) in Friedrichsfeld und kehrte nach Kriegsende auch hierhin zurück. 1946 arbeitete er zunächst als Waldarbeiter, bevor er in Hannoversch Münden Forstwissenschaften studierte und in diesem Fach auch promovierte.

Nach Tätigkeiten im Ministerium und als Leiter seines Heimatforstamtes Hofgeismar wurde ihm 1969 das Waldbau-Dezernat der Forstabteilung beim Regierungspräsidium Darmstadt übertragen. Damit verbunden war auch die Tätigkeit als Forstinspektionsbeamter im hessischen Spessart.

Helmut Puchert war ein anerkannter Kenner der Forstgeschichte des Main-Kinzig-Kreises, die er in der Monographie »Der hessische Spessart«, Wiesbaden 1991, zusammengefasst hat. Darüber hinaus hat er zahlreiche Beiträge zur Forst- und Jagdgeschichte veröffentlicht.

Über die Zeit auf dem Dorf von 1928 bis 1946 hat Helmut Puchert im Jahre 1993 viel aufgeschrieben. Seine Erinnerungen und Erzählungen sind in dem vorliegenden Buch zusammengefasst. Nach seiner Pensionierung kam er immer wieder nach Friedrichsfeld zurück, um sich mit den Leuten, die dort noch lebten, zu unterhalten.

Helmut Puchert starb am 21. Februar 2001 in Darmstadt.

Über den Herausgeber:

Dr. Eckhard Puchert wurde am 01. August 1957 in Wiesbaden geboren. Er studierte Pharmazie und promovierte auch in diesem Fach. Über 30 Jahre arbeitete er als Manager in der Pharmaindustrie u. a. bei der Schering AG und der Bayer AG. Er wohnt in Hamburg und befindet sich seit 2018 im Ruhestand.

Die Zeit von 1963 bis 1969 erlebte er mit seinen Eltern und den Geschwistern auf dem Forstamt Hofgeismar. Er begleitete seinen Vater häufig mit in den Wald und war auch regelmäßig bei seinen Großeltern in Friedrichsfeld zu Besuch.

PUCHERTS HELMUT, DEM FÖRSTER SEINER

Vom Leben auf einem nordhessischen Dorf

1928 – 1946

HERAUSGEGEBEN VON ECKHARD PUCHERT

Bibliografische Information der Deutschen Nationalbibliothek.
Die Deutsche Nationalbibliothek verzeichnet diese Publikation in der Deutschen
Nationalbibliografie; detaillierte bibliografische Daten sind im Internet über http://
dnb.dnb.de abrufbar.

Lektorat: Bärbel Martens
Umschlaggestaltung: Mara Nollert
Bilder: Helmut Großberndt und Helmut Puchert

Satz, Herstellung und Verlag: BoD – Books on Demand, Norderstedt
ISBN 9783753430812

Inhalt

Als ich noch »Pucherts Helmut, dem Förster seiner«, in Friedrichsfeld war

Als Helmut Puchert in den 90er-Jahren des letzten Jahrhunderts immer mal wieder in das Dorf seiner Jugend nach Friedrichsfeld kam, war er bei den älteren Leuten immer noch Pucherts Helmut, so wie Lotzens Hennes, Märtens Heinz, Liebers Heinrich auch genannt wurden. Bei den Mittelalten war er der Herr Doktor, und die jungen Leute kannten ihn bereits nicht mehr. Die Zeit, aus der er berichtet, liegt inzwischen 80 bis 90 Jahre zurück.

Helmut Puchert erzählt und schreibt:

Friedrichsfeld, der Ort meiner Jugend

Gruß aus Friedrichsfeld

Hauptstr. mit Bürgermeisteramt

Friedrichsfeld wurde der Ort meiner Jugend und auch meine richtige Heimat. Die zuerst errichteten Häuser waren einfach und schlicht und hatten ein verputztes Balkenwerk. Sie waren alle nach gleichem Plan gebaut worden und unterschieden sich auch dadurch von den schmucken, reich verzierten, hochgiebeligen niedersächsischen Fachwerkhäusern der Nachbardörfer. Das hatte folgenden Grund: Im Jahre 1775/76 nahm der Landgraf Friedrich II. von Hessen-Kassel Glaubensflüchtlinge aus Mensfelden und Ennerich bei Limburg in sein Land auf und wies ihnen gutes Land zur Kolonisation zu.

Nach Friedrich II. sind benannt worden: Friedrichsfeld, Friedrichsdorf, Friedrichstal und der Friedrichsplatz in Kassel. Weil die alten Friedrichsfelder einst unter der Glaubensfuchtel des Erzbischofs von Trier gestanden hatten, nannte man sie spöttisch die »Trierschen«. Von den Auswanderern sind heute nur noch die Nachkommen der Familie Lieber im Ort.

Von Friedrichsfeld aus hat man einen herrlichen Blick in die weite, weite Ferne über das Diemeltal hinweg in die Warburger Börde mit dem Desenberg und noch weiter bis zur letzten Waldhöhe, dem Eggegebirge, ja sogar bis zum Köterberg im Lippischen. Im Mittelgrund erheben sich die Balsaltdurchbrüche des Heuberges, des Westberges bei Hofgeismar und des Deiselberges sowie die Trendelburg auf einem von der Diemel umflossenen Bergsporn sowie die Stufenlandschaft der Diemelplatten aus Röt und Muschelkalk.

Das Diemeltal ist ein uraltes Siedlungsgebiet und ernährte schon die Menschen in der Steinzeit; am Desenberg hat man Artefakte aus der Zeit vor 25 000 Jahren ausgegraben. Der Boden um Friedrichsfeld ist aus der Verwitterung des Bundsandsteines entstanden und in den Zwischeneiszeiten mit Fluglehm, dem Löss, überdeckt worden. Er bringt reiche Ernten, besonders in trockeneren, wärmeren Jahren. Mit Wald bedeckt, lässt er mächtige Eichen und Buchen wachsen.

Gruß aus Friedrichsfeld.

Die Revierförsterei

Die Försterei, zur damals preußischen Oberförsterei Gottsbüren zählend, war ehemals ein Kolonistenstilbau, wurde dann aber vielfach um- und angebaut. Das Gebäude brannte auch einmal im oberen Stockwerk ab. Deshalb waren die Zimmer dort so niedrig, weil man die alten Balken aus Bauholzknappheit nochmals nach entsprechender Kürzung eingezogen hatte. An die alte Form erinnert nichts mehr. Nur der steingewölbte große »Franzosenkeller« ist noch Zeugnis der alten Bausubstanz.

Als wir 1928 in das Forsthaus einzogen, stellte der preußische Fiskus 10.000 Reichsmark zur Renovierung bereit. Wir bekamen sogar ein Badezimmer, welches von den Dorfbewohnern als ungeheurer Luxus betrachtet wurde. Die Gemeindeverwaltung wollte gleich das Wassergeld erhöhen, denn sicherlich würde der neue Förster mehr Wasser verbrauchen, als ihr gesamtes Vieh soff. Da kamen sie bei meinem Vater an den Verkehrten. Er wusste sich sehr schnell im Dorf, das nur 178 Seelen zählte, Respekt zu verschaffen. So war er unter anderem hinter den Holzdieben sehr her.

Wie sah es im Försterhaus aus? Durch eine mächtige, zweiflügelige Eichentür mit einem dicken, langen und runden eisernen Türgriff traten Bewohner und Besucher in einen langen und breiten, mit Buntsandsteinplatten ausgelegten Flur. Mutter hatte ihn mit Kokosläufern belegt. Korbmöbel luden zum Verweilen ein. An den Wänden hingen alte Stiche mit Jagdmotiven, die sich immer noch im Besitz der Familie befinden, sowie Jagdtrophäen, Kriegssäbel und einige alte Hirschfänger meines Vaters. Linker Hand kam man in das Dienstzimmer, das der Vater im Winter, gern auch an Sonntagen, zu schriftlichen Arbeiten benutzte. Die Wände in diesem Zimmer waren mit vielen Jagdtrophäen geschmückt. Rechter Hand befand sich das Esszimmer. Von dort und vom Flur aus kam man in das Wohnzimmer, wo wir uns meist aufhielten. Eine Couchgarnitur und das Klavier, das die Eltern in der Inflation im Austausch für eine Kuh erstanden hatten, machten es recht wohnlich. Dort konnte man auch das erste Radio des Ortes sehen und hören.

Die Revierförsterei

Vom Flur kam man auch in die Scheune und die Wirtschaftsgebäude mit den Stallungen. Zum Hof hin lagen die neugebaute Küche sowie die Waschküche mit einem riesigen Backofen, den wir aber nie benutzt haben.

Im Obergeschoss befanden sich 4 Schlaf- und Gästezimmer.

Das gesellschaftliche Leben
der Försterfamilie auf dem Dorf

Ein großer Obst- und Gemüsegarten schaffte erhebliche Distanz zu den Nachbarhäusern. Auf Distanz hielt sich mein Vater auch zu den übrigen Dorfbewohnern, nicht weil er menschenscheu gewesen wäre, im Gegenteil, sondern aus Gründen der Staatsraison. Er war höflich zu ihnen, aber sehr bestimmt, und sie hatten Respekt vor ihm.

Meine Mutter hatte keine Dienstverpflichtungen, deshalb war sie sehr zugänglich, freundlich und nett zu allen im Dorfe. Sie wurde hochgeachtet, auch deshalb, weil sie, wie die Nachbarn, die das sahen, unermüdlich arbeitete. Wer arbeiten konnte und nicht auf der faulen Haut lag, der galt etwas. Sie mussten nämlich alle schwer körperlich arbeiten, um ihr tägliches Brot zu haben.

Nur mit dem Lehrer und seiner Frau verkehrten die Eltern und verkürzten sich die Abendzeit mit Gesellschaftsspielen. Gegessen und getrunken wurde dabei kaum etwas. Lediglich zum Nachmittagskaffee wurde selbst gebackener Kuchen gereicht.

Lebensgrundlage der Dorfbewohner

Das kleine Dorf war eine fast abgeschlossene Welt, seine Bewohner selbstgenügsam. Alle bestellten sie Land. Selbst der Lehrer und der Förster bewirtschafteten große Gärten, denn Gemüse gab es im Kolonialwarenladen nicht zu kaufen. Von den Früchten des Feldes und vom Vieh lebten die Leute, sei es vom Getreide, sei es von den Eiern der Hühner und Enten, der Milch, der Butter, dem Käse – gewonnen vom Milchvieh wie Kühe, Schafe und Ziegen – sowie vom Fleisch der Schweine, Kälber, Schafe, Ziegen, Kaninchen und des Geflügels, soweit es nicht verkauft werden musste, um Bargeld in der Hand zu haben. Der Förster und der Lehrer hielten sich einen großen Bienenstand. Vater brachte öfters Aufbruch vom erlegten Wild – Rehwild, Rotwild, Schwarzwild – mit und im Herbst und Winter hin und wieder einen Küchenhasen.

Das Bienenhaus von Carl Puchert (kurz nach dem Krieg)

Dienstleistungen und leibliche Genüsse auf dem Dorfe

Im Dorf gab es einen Stellmacher für die Wagen der Bauern, einen Schmied für den Beschlag der Pferde und den Bau der Eisenteile für die Wagen, einen Schuster, einen Schneider und auch einen Schreiner sowie einen Kolonialwarenladen. Das Schlachten besorgte der Hausschlachter. Brot buken die Bauern selbst. Der Förster, der Lehrer und manchmal auch die Bauern kauften das Brot beim Bäcker Amthor aus Trendelburg, der dasselbe mit einem Kutschwagen und einem Holzkastenaufsatz darauf in die Dörfer bis Gottsbüren fuhr. Drei große Brötchen kosteten 10 Pfennige. Frisches Fleisch brachte am Wochenende der Metzger Textor, ebenfalls aus Trendelburg.

Zur Försterstelle in Friedrichsfeld gehörten zur besseren Naturalversorgung des kärglich besoldeten Försters zwanzig Morgen Dienstland, das im Dorfe sogenannte Försterland. Es war ein gutes, ertragreiches Land, das der Nachbarbauer Wilhelm Hofeditz in Pacht bekam, da sich meine Eltern nicht mehr, wie sie das in Ehrsten und Sterkelhausen getan hatten, auf dem Felde abrackern wollten. Als Pacht musste uns der Nachbar Kartoffeln und Milch liefern sowie zur Winterzeit ein Schlachtschwein von vier Zentnern.

Ein großer Obstgarten versorgte uns reichlich mit Kirschen, Äpfeln und Birnen. Von der Birnenernte wurde tüchtig an Obsthändler aus Langenthal verkauft, den Zentner für zwei bis drei Mark. Dafür pflückten diese das Obst auch von den riesigen Bäumen. Die Äpfel behielten wir selbst und lagerten sie im kühlen Keller ein. Da gab es Bosköppe, Reinetten, Gravensteiner und die köstliche Trendelburger Calville, eine aus Frankreich stammende Apfelsorte, die angeblich von den Hugenotten mit ins Land gebracht worden war. Wenn die liebe, alte Frau Hofeditz ihren Roggenbrotteig ofenfertig hatte, sagte sie öfters zu mir:»Helmut, geh dich mal nach Hause und hol dich eine

Calville.« Sie hüllte dann den Apfel in Brotteig ein und buk das Ganze schön goldbraun. Nie wieder habe ich später eine solche Delikatesse gereicht bekommen, die, warm aus dem Backofen gezogen, gleich gegessen wurde.

Das Schweineschlachten war ein üppiges Fest. Als ich fünf, sechs Jahre alt war, habe ich mich vor dem Quietschen der zu schlachtenden Sau noch sehr erschreckt, aber sobald es zum Frühstück die erste frische Bratwurst gab, war alles vergessen. Zusammen mit meiner Mutter waren einige Frauen aus dem Dorfe schon zur frühen Stunde tätig, hatten Feuer im Wurstkessel gemacht, damit die geschlachtete Sau im Abbrenntrog mit genügend heißem Wasser übergossen werden konnte, um die Borsten fein säuberlich zu lösen. Nachdem die Sau »hakenrein« am Querholz auf der Leiter hing und auskühlte, wurde gefrühstückt. Mein Vater verschwand schon früh im Walde und ließ sich erst am Abend die Leckereien vorführen. Da wurden zunächst die Brat- und Cervelatswürste gemacht, »stracke« und »runde«. Dann kamen die Leber- und Blutwürste und die Hirnewurst an die Reihe. Ganz zum Schluss aus allerlei Fleisch-, Fett- und Schwartenresten sowie altbackenen Brötchen das fetttriefende Weckewerk. Die Speckseiten, die Knochen und ein großer Knochenschinken kamen in das Sulper, d. h. in die Salzlake zweier Holzmollen. Die Holzmollen hatte der Mollenhauer (der Muldenhauer) aus Pappelstämmen gehauen. Noch damals zog er durch die Dörfer und führte seine Handwerkskunst mit allerlei Beilen und Hohleisen an Ort und Stelle durch. Meine Mutter hat in einer solchen Molle auch den Stollenteig zur Weihnachtszeit gehen lassen.

Meine Mutter verstand die Kunst, einen Schinken bester Qualität zu machen. Täglich wurde dieser mit Salzwasser übergossen und dann am geöffneten Fenster luftgetrocknet. Frost durfte er aber auf keinen Fall abbekommen. Er wurde mit Pfeffer nicht zu sparsam auf der Fleischseite eingerieben und dann in der Räucherkammer des Hauses mit dem

Rauch aus Buchenspänen konserviert. Sobald der Kuckuck rief, durfte man ihn anschneiden.

Zur Ernährung der Familie und zum Verkauf trug Vater mit zehn Bienenvölkern bei. Der Lehrer hatte sogar dreißig Völker. Und aus den vielen Beeren des Gartens wurde auch noch Stachelbeer- und Johannisbeerwein vergoren. Das zu den leiblichen Genüssen.

Mühle und Backhaus

Friedrichsfeld hat kein Gewässer, das durch die Dorfgemarkung fließt, deshalb gab es auch keine Mühle. Die lag in Trendelburg an der Diemel, an deren Ufern sich in jeder Ortschaft eine solche befand, um die Wasserkraft preiswert auszunutzen. Die Trendelburger Mühle erzeugte mit einer Wasserturbine zusätzlich elektrischen Strom, und der reichte damals auch völlig aus, denn man brauchte ihn anfänglich nur zum Beleuchten der Wohnungen. Für den Stall genügte eine Petroleumlampe, die Stalllaterne. Ein Wunder, dass es nicht zu Bränden gekommen ist.

Die Bauern fuhren mit ihren Einspännern, den sogenannten »Kleechaisen«, beladen mit Roggen und Weizen zur Mühle und brachten von dort Mehl zum Brot- und Kuchenbacken und die Kleie (Sammelbegriff für die bei der Getreideverarbeitung nach Sieben des Mehles zurückbleibenden Rückstände, insbesondere Schalen) für das Vieh wieder mit zurück. Die kleinen Leute, nicht im Besitz eines Gespannes, rollten mit ihren Handwagen talwärts und zogen diese wieder – schwitzend und ankend (ächzend) – bergwärts zurück.

Jeder Bauer besaß einen Backofen, wir – die Försterfamilie – zwar auch, aber meine Eltern haben ihn nie in Betrieb genommen, denn Mutter kaufte das Brot beim Bäcker, der damals nur eine Sorte buk. Für die Bac-köfen richteten die Leute das »Backeholz« – Reisigwellen und längere Buchenscheite – her. Holz gab es genug im nahe gelegenen Buchenwald mit seinen mächtigen, dreißig bis vierzig Meter hohen Bäumen. Brenn-holz wurde auf der Auktion im Walde ersteigert oder als »Losholz« für abgelöste Weide- und Streurechte an alle Einwohner mit eigenen Her-den verteilt. Damit es gerecht zuging, wurde das Holz verlost, denn es gab auch Scheithaufen, die das recht unbeliebte Knorr- und Anbruch-holz enthielten.

Ein gemeinschaftliches Backhaus war zu meiner Zeit nicht mehr in Be-trieb. Als sogenannter »Backes« diente es dem Lehrer als Bienenhaus und Obdachlosen als eine trockene Bleibe. Gemeinschaftliche Back-häuser waren bereits im Jahre 1684 vom Landgrafen in einer Forst- und Holzordnung vorgeschrieben worden.

Die kleinen Leute schlossen sich beim Backen bei ihren Bauern, bei denen sie arbeiteten oder mithalfen, an. Das Holz mussten sie aller-dings beisteuern. Zunächst kam das Brot an die Reihe, dann die »platten Kuchen«, Schmand-, Zucker-, Apfel-, Zwetschen-, Streusel- und Käse-kuchen und für höhere kulinarische Ansprüche die »Toppkauken«. Im Herbst wurde schließlich noch die Restwärme zum Trocknen von Apfel- und Birnenschnitzen sowie von Zwetschen ausgenutzt.

Gab es eine Hochzeit oder eine Konfirmation, dann mussten 50 bis 60 Kuchenbleche zusammengeborgt werden, um den Appetit aller Gäste zu befriedigen, denn die zierten sich keineswegs, und die Kinder aus dem Dorf wollten für das Bringen der Glückwunschkarten auch ihren gebührenden Anteil haben.

Arbeiten in der Landwirtschaft

Neue technische Geräte als Vorboten einer sich verändernden Zeit

Im Dorf ging damals noch alles seinen gewohnten, uralten Gang. Nur der Raupentraktor des Gutes kündete eine neue Zeit an und, wenn man es so sehen will, auch die dampfgetriebene, auf eisernen Rädern stehende Lokomobile, die den Dreschkasten in Bewegung setzte.

Lokomobile (1919) aus dem Nachbarort von Friedrichsfeld

Die Drescharbeit

Eine besondere Spezialität beim »Äten und Drinken up'n Dorpe« war in Friedrichsfeld der Maschinenkuchen. Ihn gab es für die Leute beim Dreschen, dem sogenannten »Maschinen«. Die Bäuerin konnte sich aus althergebrachten Gründen nicht weigern, Kuchen aufzutischen. Aus gesundem Erwerbssinn und naturgegebener Sparsamkeit walzte sie einen relativ dicken Hefeteig auf den Blechen aus, der, mit viel Hefe versehen, entsprechend hoch beim Backen aufging und die Esser dazu zwang, ihren Mund weit aufzureißen, deshalb wurde er auch Maulsperrenkuchen genannt. Der Belag, keineswegs üppig, bestand aus etwas Butterfett und einer Handvoll sparsam verteilter Zuckerkrümel.

Da ich beim Beschreiben des Maschinenkuchens bin, so will ich sogleich auch vom »Maschinen« oder Dreschen erzählen. Das war alljährlich bei den Bauern eine größere Angelegenheit. Am Tag vorher kam Großberndts Ernst, der junge Schmied, und justierte den Dreschkasten, wie die hölzerne Dreschmaschine genannt wurde, und anfänglich auch noch die Dampflokomobile, die mit einem mächtigen Schwungrad und einem immer frisch zu wachsenden Treibriemen für den Antrieb sorgte. Später trat an ihre Stelle der Elektromotor. Am anderen Morgen ging es los. Der Dreschkasten stand in der Scheune, der »Scheuer«, davor im Freien die Lokomobile, die, wenn sie genügend Dampf hatte, rauchend, dampfend und zischend den ratternden und lärmenden Dreschkasten in staubenden Betrieb setzte. Beginn und Ende der Arbeit kündete der Schmied auf Kommando des Bauern mit der Dampfpfeife an. Der Wasserdampf strömte in den Zylinder, die Pleuelstange bewegte sich, immer schneller werdend, hin und her.

Die Leute hatten je nach sozialer Stellung ihre Arbeitsplätze eingenommen. Der Bauer stand hinter der Dreschmaschine bei den Säcken, wo sich der Reichtum des Jahres anhäufte. Da musste gewogen, geprüft und gerechnet werden, denn der Ertrag der Ernte je Morgen Ackerland erregte aus gutem Grund die Gemüter. Die Jungbauern und die kräftigen Knechte prahlten mit ihrer Stärke, denn einen Doppelzentner mussten diese, um imponieren zu können, schon auf die Schulter nehmen, über den Hof schleppen und hinauf auf den zementierten Fruchtboden tragen.

Oben auf dem Dreschkasten stand die Bäuerin mit einem scharfen Messer und schnitt die Bastbindfäden der Bunde oder auch die Strohseile auf. Die Garben reichte ihr eine andere Frau aus dem Gesinde. Oben vom Bansen her, aus dem Gebälk der Scheune, flogen die Bunde herab und zwei oder drei Männer und Frauen reichten sie in einer Kette weiter. Die Garben verschwanden mit einem hellen, heulenden Geräusch zwischen den sich hochtourig drehenden Metallwalzen, die Stroh und Korn trennten. Vor dem Dreschkasten eilten einige Frauen umher, welche mit blitzschnell gewundenen Strohseilen das leere Stroh auf einer Bretterrutsche auffingen und zusammenbanden. Manchmal lag auch eine beachtliche Reserve an Strohseilen bereit, die in arbeitsruhigen Tagen geknotet worden waren. Zuvor jedoch mussten diese Bindeseile mit Dreschflegeln auf der Scheunentenne schön ausgedroschen werden. Die Bunde liefen gleichfalls in langer Kette, mit den Forken geworfen, in die leeren Bansenräume der Scheune zurück.

Die schmutzigste Arbeit gab es am Kabeauswurf zu verrichten; dort wirbelten Staub und Spelzen ununterbrochen durch die Luft und hüllten die arbeitenden Frauen – Männer gingen dort nicht hin – in eine Schmutzschicht bis in die Lungenflügel ein. Diese Arbeit verrichteten die ärmsten Landarbeiterfrauen. Was blieb ihnen denn auch anderes übrig, denn sie waren auf den Stundenlohn von 20 Pfennigen dringend angewiesen.

Drinnen in der Küche des Bauernhofes wieselten einige Frauen unter Befehl der Altbäuerin umher, um das Essen pünktlich in großen Mengen bereitzuhalten, denn alle aßen – »wie die Scheunendrescher« – sehr viel. Suppe, Kartoffeln, Fleisch, Gemüse und Pudding mussten schon auf dem Tisch stehen. Zum Frühstück gab es Schmalzbrote und einfache Wurst, und der bereits erwähnte Maschinenkuchen füllte die Mägen zum Nachmittagskaffee mit dem üblichen Zichorienargebräu (Zichorienkaffee, auch Landkaffee genannt, wird aus den Wurzeln der Gemeinen Wegwarte hergestellt).

Die »kleinen Leute« »maschinten« im Sommer gleich nach dem Einfahren vom Erntewagen aus auf dem gemeindeeigenen Dreschplatz an der Lehmkuhle. Dort standen die hochbeladenen Leiterwagen in langer Reihe. Die Leute halfen sich gegenseitig; der Dreschkasten brummte durch die kurze Sommernacht. Die Arbeit riss im Verlaufe von 24 Stunden und noch länger nicht ab. Einen Scheunenplatz für das Stroh hatten die »Kleinen« nicht, denn der knappe Bansenraum auf dem Dachboden musste für Heu und Grummet (Heu, das durch den zweiten oder dritten Schnitt in einem Jahr eingebracht wurde) herhalten. Das ausgedroschene Stroh stapelten sie im Freien in einer Strohdieme oder Finne.

Das Mähen

Heute rattert der Mähdrescher in Windeseile über die Felder. Damals plackte man sich schwitzend in der Sonnenglut ab. War es heiß, dann war es auch ein Segen, denn dann kam die Ernte gut herein. Die bereits oft genannten kleinen Leute machten den Ernteschnitt mit der Sense schon in Allerherrgottsfrühe, damit beginnend. Die Frauen rakten mit der Sichel die Halme zu Bundstärke zusammen und umschnürten sie mit Strohseilen. Die Bunde stellten sie sauber ausgerichtet zu Hocken zusammen, die das Bild der Felder zur Erntezeit erst so richtig augenfällig machten.

In großen Henkelkörben ruhten das Frühstück und das Mittagsbrot. Zu Trinken gab es aus emaillierten Kannen, die mit ausgedienten Wollstrümpfen umwunden waren. Ihr Inhalt war bescheiden: Malzkaffee mit Milch und für den großen Durst leicht gesüßtes Essigwasser.

Selbst die Bauern hatten kein üppigeres Essen. Allerdings war ihre Arbeit leichter, da sie keine Sense mehr benutzten; sie bedienten sich des von Pferden gezogenen Mähbalkens. Der erste Selbstbinder galt als Sensation. Um ihn in Betrieb zu nehmen, brauchte der Bauer recht schwere und kräftige Kaltblutpferde. Der Binder mähte und transportierte die Halme über ein Förderband aus Leinwand zum Binde- und Auswurfwerk. Das Aufstellen der Hocken war indes nur händisch möglich.

Getreideernte

Das Heumachen

In der Heumachezeit im Monat Juni machten sich die Schnitter bald nach Mitternacht zu den Holzapewiesen auf. Die Sensen waren frisch mit dem Hammer gedengelt worden. Schon Tage vorher hörte man im Dorf das melodische, helle Geräusch. In finsterer Nacht begann das Mähen des taufrischen Grases. Mann hinter Mann schwangen die Schnitter die Sensen; zischend sausten sie treffsicher durch das Gras und legten breite, duftende Schwaden ab. In regelmäßigen Abständen gab es eine gemeinsame Wetzepause. Aus einem mit Wasser gefüllten, um den Leib gebundenen Holzköcher zogen die Schnitter den Wetzstein, der über die haarscharfe Schneide der Sense beiderseits blitzschnell geschwungen wurde und dabei ein einmaliges, helles, singendes Tönen erzeugte.

Die Mähmaschinenbesitzer brauchten sich dieser Mühe nicht zu unterziehen. Sie besaßen auch einen Heuwender und einen breitachsigen Heurechen. Aber meist standen noch die hölzernen Heurechen, mit der Hand hin- und hergeschwungen, in großer Gunst.

Das Beladen des Heuwagens war eine Kunst. Innerhalb der Leitern war es nicht schwer, aber dann musste gleichmäßig überbordig geladen und festgestampft werden. Die ganze Last hielt der mächtige Heubaum von oben her zusammen, nachdem die Flanken der Fuhre mit den Rechen schön geglättet worden waren und die Heuseile Heubaum und Wagen fest miteinander verbanden. Mit der von Hand gezogenen »Hunger- oder Schmachtharke« wurde noch das letzte Hälmchen zusammengebracht und der kostbare Rest in ein Tuch geborgen, das am Rückteil der Fuhre hing.

Der Heutransport von der Holzape über schlechte, ausgefahrene Waldwege war mühsam und manche Fuhre kippte zum Verdruss der abgearbeiteten Leute auch noch um. Und wenn sich darüber noch ein Gewitter entlud, dann nahm das Gefluche kein Ende. Der angebliche Übeltäter an dem Missgeschick musste sich das Gebrüll zum Überdruss auch noch lange anhören. Einfacher war der Transport, wenn auch etwas weiter, von den Diemelwiesen – der Breiten Wiese – bei Trendelburg, die, gut bewässert, reichen Ertrag hergaben. Aber dort hatten nur die größeren Bauern Besitz.

Heuernte

Knechte und Mägde

In den schicksalsträchtigen Jahren meiner Jugendzeit begannen zwei Berufsbezeichnungen (die seit Luthers Bibelübersetzung zum sprachlichen Allgemeingut geworden waren) aus der ländlichen Begriffswelt zu verschwinden, die des Knechtes und der Magd. Sie, gleich ob Kleinknecht, Großknecht, Großmagd, standen im Dorfe auf niederer sozialer Stufe, waren aber noch im patriarchalischen Gefüge eines größeren Bauernhofes durch einen Gesindevertrag arbeitsrechtlich eingebunden. Diese Sicherung hatten die Tagelöhner nicht. Der Begriff Magd hat etwas Duldendes. Der Knecht war eben der Geknechtete. Geknechtet sein, das war das Schlimmste, was sich der historisch Betrachtende für Völker, Stämme, Sippen, Familien und Einzelpersonen vorstellen konnte. Doch diese Art der Knechtung stand auf der Basis völliger Rechtlosigkeit der Geknechteten, die die ihnen aufgebundenen Ketten immer zu zerbrechen trachteten. »Der Gott, der Eisen wachsen ließ, der wolle keine Knechte!«

Aus den Knechten und Mägden wurden mit einem neuen Begriff Landarbeiter und Landarbeiterinnen. Ihr Lohn, ihre Arbeit, ihre soziale Stellung hat sich dadurch nicht viel geändert. In Friedrichsfeld gab ihnen die SA in der Mehrzahl der Fälle eine neue soziale Bleibe, wo sie mit den Bauerssöhnen im gleichen Gliede marschierten. Wenige blieben bei der SPD oder dem Reichsbanner treu, einige den Kommunisten. In meinem Heimatort war es hauptsächlich die SA, der sie zuliefen. Einige suchten Aufstieg in die Unteroffizierslaufbahn bei der Reichswehr, die sehr hohe, auch sportliche Anforderungen an sie stellte. Im Sport hatten sich viele im örtlichen Turnverein geübt, dem fast alle jungen Männer und auch ich als Bub angehörten. Übungen am Pferd, Barren und Reck, Weitsprung, Weitwurf mit Handgranaten und Laufen gehörten dazu. Solches fand am Sonntag vor oder nach dem Gottesdienst statt.

Als einziger Schmuck in den armseligen Knechtekammern – die Bauernkammern waren aber auch nicht viel besser ausgestattet – hingen dort Ehrenurkunden und Eichenkränze, die bei den Turnfesten als Auszeichnungen und als stolze Preise erkämpft worden waren. Sonst gab es in den Knechtestuben, die einen gesonderten Zugang hatten, nur fichtene Möbel, ein vom Dorfschreiner gefertigtes Bett mit Strohsack, Tisch, Stuhl und Schrank. Ein Ofen war bereits etwas Besonderes. Ich habe Knechtestuben gekannt, die über dem Stall in der Scheune lagen. Dort konnte wegen Brandgefahr nicht geheizt werden. So saßen in den kalten Tagen die Knechte am Abend in der Küche der Bauern und nahmen sich dann, wenn sie zu Bett gingen, einen heißen Backstein als Wärmespeicher mit. Wärmer war es da schon im Pferdestall. Manches roh gezimmerte Knechtebett war auch dort zu finden. Sich gewaschen wurde in der Futterküche, denn dort gab es fließendes Wasser.

Für unsere Nachbarin, die alte Frau Hofeditz, 91 Jahre ist sie alt geworden, waren es nicht die Knechte und die Mägde, sondern die Jungens und die Mädchen. Woran sich die Jungens schadlos hielten, das war das Essen. Immerhin sparte der Bauer nicht mit der Menge, denn Knechte, Mägde und die ganze Familie saßen zusammen am Tisch. »Frau Puchert«, sprach Frau Helene Hofeditz, eine herzensgute Seele, »Frau Puchert, die Jungens legen sich den Schalee nur so mit Löffeln auf das Brot«. Schalee, das war Gelee aus den Früchten der Bauerngärten, wie Johannisbeeren, Stachelbeeren, Himbeeren und auch Äpfel. Waldhimbeeren sammelten die Mägde und Tagelöhnerfrauen, denn die kosteten nur die Mühe und waren sehr begehrt. Mutter und ich gingen auch in die Himbeeren, unterstützt von Waldarbeiterinnen, die mein Vater bezahlte. Heidelbeeren oder Blaubeeren im Sommer zu ernten, war eine beliebte, aber mühsame Beschäftigung. Die fingerfertigen, fleißigen Frauen schafften es an einem Tage, einen mit Beeren gefüllten Wassereimer nach Hause zu bringen. Heidelbeeren ließen sich gut verkaufen und bereicherten das immer knappe Bargeld. Auch meine

Mutter kaufte etliche Kilo, um sie einzukochen. Im Winter gab es dann Eierpfannkuchen gefüllt mit Blaubeeren.

Die Dorfhandwerker

In Friedrichsfeld wohnten fast alle für das Leben auf dem Dorfe wichtigen Handwerker. Auch sie besaßen etwas Land, nur der alte Schmied Großberndt nicht mehr, denn er hatte all seinen Besitz verloren. Sein tüchtiger Sohn Ernst hat dann wieder von vorn angefangen.

Da wir schon beim Schmied sind, was hatte er zu tun?

Der Schmied

Der Schmied Ernst Großberndt (1962)

Vor der Schmiede, einem einfachen Schuppen nahe dem Dorfbrunnen, der Tageslicht nur bei offen stehender Tür in sein rußgeschwärztes Inneres hineinließ, versammelten sich oft einige Bauern mit ihren Pferden zum Hufbeschlag. Während Ernst die Hufe untersuchte, denn er kannte sich mit deren Krankheiten aus, und passende Eisen aussuchte, gab es viel zu erzählen. Währenddessen glühte das Eisen im Schmiedefeuer, heftig von einem handgezogenen Blasebalg angefacht. Der Schmied gab ihm mit Augenmaß und einigen gezielten Hammerschlägen auf dem nächtigen Amboss die letzte Form, und siehe da, die Anprobe am Huf, wobei das verbrannte Horn zischte und stank, passte meist. Unter schnellen Schlägen des Hammers rutschten die Hufnägel durch Eisen und Huf. Der Fuß des Pferdes ruhte dabei, nach hinten geknickt, auf dem Knie des Schmiedes. Sodann musste das Pferd den Fuß auf einen eisernen Dreibock stellen. Blitzschnell waren die überstehenden Nagelspitzen abgezwickt und der Huf mit der Raspel schön glatt gefeilt sowie mit Teer eingestrichen. Die Pferde hielten die Prozedur meist geduldig aus. Einige bekannte »Schläger« mussten sich Geschrei und Gebrüll anhören und auch die Peitsche schmecken.

Öfters mussten auch Wagenräder neu bereift werden, wahrlich eine Kunst, ausgeübt mit den einfachsten Geräten. Dann klangen die schweren Schmiedehämmer auf dem Amboss mit genau eingehaltenem Taktschlag. Wir Jungens schauten dabei immer voller Neugier zu, und manch einer überlegte sich dabei, ob er nicht auch Schmied werden solle. Ich hatte mir einmal an einem heißen Eisen die Finger verbrannt, und so war ein solcher Wunsch bei mir schon früh erloschen.

Der Stellmacher

Etwas sauberer, aber doch noch recht staubig ging es beim Stellmacher Wilhelm Fricke zu. Er brauchte Eichenholz für die Radnaben, Buchenholz für die Radspeichen, Radsegmente und die Bremsklötze, Buchenstangen für die Deichsel, beide Holzarten für die Rungen und Weichen sowie für die Wagenschemel über den Achsen, Fichtenstangen für die Leitern und Heubäume sowie Eichen für die Sprossen, schließlich Fichtenbretter für den Kastenwagen. Es war schon gekonnt, einen solchen Wagen zu bauen. Das könnte heute keiner mehr, denn der Beruf des Stellmachers ist ausgestorben.

Schmied und Stellmacher arbeiteten Hand in Hand, denn die Eisenbeschläge zu machen, war Sache des Dorfschmiedes.

Wilhelm Fricke war ein guter, redlicher und gläubiger Mensch. Als Junge habe ich gern bei ihm zugeschaut, denn er wurde nie ungeduldig und ging immer freundlich auf die Fragen von uns Kindern ein.

Die sonstigen Handwerker

Im Orte gab es auch einst eine Töpferei und Ziegelei. Den Ton für das Geschirr konnte der Töpfer oder Euler aus der Tonkuhle oberhalb des Ortes am Waldrand graben, wo sich eine kleine tertiäre Ablagerung noch heute befindet.

Friedrichsfelder Töpferwaren, einst für den täglichen Gebrauch bestimmt, sind nur noch in wenigen Exemplaren zu finden. Ich habe die Töpferei nicht mehr in Betrieb gesehen. Auch Ziegel sind in meiner Zeit nicht mehr gebrannt worden. Es gab eine Lehmgrube, aus der schöner, brauner Lösslehm gegraben werden konnte. Beim Hausbau wurde der Strohlehm, der um Eichenbretter gewickelt wurde, noch eifrig benutzt. Luftgetrocknete Lehmziegel dienten beim Ausbau der Innenwände von Häusern und Wirtschaftsgebäuden und auch lehmbeworfenes Flechtwerk zwischen den Balkengefachen gab es noch zu sehen.

In die Tonkuhle brachten die Leute den wenigen Abfall, den der Lumpensammler – er kaufte für Pfennige Alteisen, Lumpen, Papier und Knochen – nicht brauchen konnte. An Polterabenden holten wir Kinder mit Handwagen das Zeug, meist waren es alte Töpfe und zerbrochenes Geschirr, vor die Tür des Hochzeitspaares, das am anderen Morgen die kleingeschlagenen Stücke auf einen Kastenwagen laden musste, um sie wieder in die Tonkuhle zu schütten.

Ferdinand Scheele übte den Beruf eines Schneiders aus, und Otto Langhans zusammen mit seinem Vater Karl den eines Schusters. Wilhelm Hartgen war dabei, ein angesehener und tüchtiger Schreiner zu werden – er hatte sich gerade eine neue, moderne Werkstatt gebaut –, da verunglückte er tödlich vor unserem Hause. Einer der noch ganz wenigen Lastkraftwagen fuhr ihm über den Leib, weil Wilhelm mitfahren wollte, aufsprang und dabei abrutschte. Da zog Entsetzen in das Dorf ein, denn von einem Bullen totgedrückt, von einem Pferd totgetreten oder von durchgehenden Pferden umgerannt zu werden, das konnten sich die Dörfler vorstellen, aber so etwas wie mit Wilhelm als Vorbote des motorisierten, neuen Zeitalters war für sie noch nicht denkbar. Autos hatten nur der Oberförster und der Doktor. Lastkraftwagen kamen eben ganz selten durch das Dorf. Deshalb tummelten sich Schweine, Hühner und Gänse ganz unbehelligt auf dem staubigen Fahrdamm. Unsere Dackel pflegten dort manchmal ihren Mittagsschlaf zu halten, so ungestört waren sie dort.

Bei Wilhelms Beerdigung trugen die Träger den Sarg auf einem Holzgestell auf ihren Schultern vom Trauerhaus aus über die Dorfstraße zum Friedhof. Einer von den Tagelöhnern verdingte sich als Totengräber. Die etwas älteren Kinder stellten sich in einer Art Stafette vom Friedhof bis zum Schulhaus auf. Dort hing das Dorf-Glöcklein offen unter einem Dachstuhlvorbau. Sobald der Pfarrer am Grab das Zeichen zum Läuten gab, hoben die Kinder ihre weißen Taschentücher, und in Sekundenschnelle war Fischer Lui informiert. Er straffte das Glockenseil und schlug dann kunstvolle Takte mit der Glocke.

Manchmal kamen die Schwellenhauer in den Ort, wohnten dort in voller Kost und Logis und hauten im Walde aus dem dafür vorgesehenen Buchenstammholz mit ihren breiten, haarscharfen und glänzenden Schwellenbeilen die Eisenbahnschwellen, nachdem sie mit einem rußgeschwärzten Seil die Hieblinie angezeichnet hatten. Je nach Ausformung der Stämme unterschieden sie »zweischnürige«, »einschnürige« und »unschnürige«. Das Hauen war eine sehr schwere Akkordarbeit. Deshalb tranken die Arbeiter viel gezuckerte Milch, denn Milch konnten sie billig im Dorfe kaufen.

Herbolds Wilhelm nannten die Dörfler einen Klötzebauern. Er rückte mit seinen schweren Kaltblutpferden zusammen mit zwei anderen Bauern aus Hümme die mächtigen Buchenstämme aus dem Schlag an den Waldweg. Sechs Pferde mussten öfters vorgeschirrt werden. Mit Gebrüll und Peitschenknall setzten sich die Gespanne in Bewegung. Zwei oder drei Stämme konnten auf einen Wagen geladen werden, der anfänglich noch eisenbereift, später gummibereift war. Das Aufladen war ein schwieriges Geschäft. Zunächst wurden die Räder auf einer Seite des Wagens abgenommen. Dann zogen die Pferde die Stämme auf der so entstandenen schiefen Ebene nach oben. Mit der Wagenwinde und mit Muskelkraft mussten dann die Wagenachsen hochgewunden werden. Dann erst konnten die Räder wieder aufgesteckt werden und die Wagenkolonne setze sich nun nach Karlshafen zur Sperrholzfabrik Traun in Bewegung.

Versorgung der Bevölkerung

Der Kolonialwarenladen

Der Kolonialwarenladen Lieber (1925)

Für das meiste, was im Dorf gebraucht, aber nicht selbst gemacht oder
erzeugt werden konnte, sorgte der Kolonialwarenladen vom Gast- und
Landwirt Julius Lieber. Im Laden hingen Kuhketten, Kälberstricke,
Pferdehalfter und schöne Peitschen aller Art sowie Sensen, Sicheln
und Wetzesteine. In großen Säcken befanden sich Mehl, Zucker und
Salz. Im Keller stand eine Holztonne mit Salzheringen, damals das bil-
ligste Zubrot, heute in Kunststofffolie eingeschweißt ein teurer Fisch.
Öl und Essig pumpte der Ladenbesitzer aus einem Fass hoch. In den
vielen hölzernen Schubladen lagerten die gern und häufig gekauften

Hülsenfrüchte: Bohnen, Erbsen und Linsen. Während der Schlachtezeit musste viel schwarzer und weißer Pfeffer vorhanden sein sowie auch eingesalzene Därme für die Würste.

Und wir Kinder, wir schauten natürlich gern zum »Bolchenglas«, wo das buntgefärbte »Schnuckewerk« aus Zucker prangte.

Die Männer holten sich öfters ein »Schöörchen« Kautabak, der in schönen Deckeltöpfen aus blau gebranntem Ton in einer aromatisch riechenden Soße lag, wohingegen das Petroleumfass im Nebenraum penetrant roch. Zusammen mit der Kernseife und dem ersten Waschpulver der damaligen Zeit brauten sich unwiederbringlich verloren gegangene Gerüche zusammen.

Was außer einfachen Textilien nicht greifbar war, das musste in Hofgeismar oder Kassel gekauft werden, und so fuhren meine Eltern zwei- oder dreimal im Jahr nach Kassel. Mein Vater tat dies recht gern, denn er wollte, wie er sagte, gern die Straßenbahn fahren sehen und genüsslich in einem guten Restaurant oder Café essen und trinken. Meiner Mutter behagte diese Zeitverschwendung weniger, denn für sie standen die Einkäufe als Pflichtübung im Vordergrund.

Vorratswirtschaft auf dem Dorfe

Da das Angebot im Kolonialwarenladen und auch das verfügbare Bargeld begrenzt waren, blieb Vorratswirtschaft im Keller und in der Speisekammer erstes Gebot. Meine Mutter zeigte darin eine große Meisterschaft, aber die Bauersfrauen standen ihr auch nicht nach. Ein Sack voll Mehl stand immer bereit. Die Bauern hatten natürlich viel mehr, denn sie buken immer für drei bis vier Wochen ausreichend Brot. Beim Brotbacken kamen im Nachgang das Dörrobst, Birnen- und Apfelschnitzen und Pflaumen an die Reihe. Vor langen Zeiten hat man auch die Heidelbeeren getrocknet. Dank der Wecktechnik in den Einkochgläsern ließ sich das Obst zusätzlich konservieren. Auch die Braten, Blut-, Leber-, Brat- und Hirnewurst und das Weckewerk ließen sich darin saftig halten. Das Schmalz kam in irdene Töpfe, ebenfalls das Zwetschenmus, das ohne Zucker in einem langwierigen Kochgang im Waschkessel unter ständigem Umrühren mit Hilfe der Muskrücke eingedickt worden war. Das wichtigste Gemüse für den langen Winter war das Sauerkraut, das in großen Sauerkrauttöpfen im Keller ruhte. Rot- und Weißkohl lagen im Garten eng beieinander, in der Erde eingeschlagen.

Jedes Haus hatte eine Räucherkammer, wo die durch Buchenrauch konservierten Speckseiten, Schinken und Würste hingen. Sie war die Schatzkammer für die Bauern und immer gut abgeschlossen. Meine Mutter war da nicht so kleinlich, sie hatte ja schließlich keine fremden Menschen im Haus.

Große Mengen Kartoffeln ruhten im Keller, sie waren das Hauptnahrungsmittel. Für eine Übergangsfrist lag da auch noch Salzfleisch im Sulper, einer großen Holzmolle. Auf breiten und tiefen Bretterhorden ruhten die selbst gepflückten Äpfel und Birnen. Man konnte beruhigt mit all den Vorräten in den Winter gehen. Selbst an eingelegten Eiern im Korn auf dem Fruchtboden mangelte es nicht, denn Kuchen war im Winter gleichfalls begehrt. Ein paar Flaschen Wein im Keller zu haben, galt schon als großer Luxus. Die Eltern hatten zusätzlich einige Eimer Honig auf Vorrat.

Dämmerstunde

Als meine Eltern 1913 heirateten, bekam mein Geburtsort Ehrsten die elektrische Lichtleitung gelegt. Zur Hochzeit hatten sie sicherheitshalber eine schöne Petroleumlampe geschenkt bekommen, die noch viele Jahre Dienst getan hat, denn bei Gewitter fiel der elektrische Strom meist aus. An die Zeit, als Leuchtmittel wie Kerzen und Petroleum noch teuer waren und das Einkommen sehr belasteten, erinnerte die Dämmerstunde.

Das Dämmerlicht schenkte Entspannung von des Tages Mühe. Dazu gesellte sich eine unvergleichliche Stille, nur ein wenig von den Naturlauten des Viehes umrahmt. Meine Mutter hielt die Dämmerstunde in Ehren und strickte ein wenig dazu. Ganz ohne eine Beschäftigung konnte sie sich den Tagesablauf nicht vorstellen. Leben hieß für sie Arbeit und Pflichterfüllung und ständiges Sorgen für die Familie, Tag für Tag, vom Morgendämmern bis in die Dunkelheit hinein.

Und was ist heute? Helles und grelles Licht im Überfluss aus Kraftwerken, die die Umwelt zerstören, dazu in allen Orten ein schrecklicher Lärm, erzeugt von den Bestien unseres Wohlstandes, den Autos. Radios und Fernseher beteiligen sich ebenfalls fleißig daran.

Ich habe als Kind den Sternenhimmel bewundern gelernt, weil ich ihn in seiner ganzen Pracht über unserem kaum erleuchteten Heimatort voll erblicken konnte. Als Stadtmensch bin ich heute leider dieses abendlichen Genusses beraubt, weil Dunst und ein Übermaß an elektrischer Beleuchtung den Blick zum Firmament verwehren.

Die Dorfkirmes

Der Waldarbeiter Gustav Steinmetz, eine zähe, hagerere Gestalt, treu-
herzig und gutmütig, verdiente sich ein Zubrot als Dorfmusikant mit
seiner Geige und Klarinette. Im Sommer, wenn in den Ortschaften die
Kirmes und das Schützenfest gefeiert wurden, gab es viel zu geigen und
zu blasen. Die Dörfler tanzten Walzer, Polka und den Schieber. Die Musik hatte ihren einmaligen, längst vergessenen Klang aus Geigen, Bass,
Klarinette und Trompete, der selbst meinen Großvater Hugo Macht
als Musiklehrer faszinierte. Gustav Steinmetz brachte uns Jungens das
erste Kampflied der Nazis bei. Es begann mit dem banalen Vers: »In
München sind viele gefallen, in München war'n viele dabei, vor der
Feldherrenhalle traf manchen Helden das tödliche Blei.«

Die heranwachsende Dorfjugend scheute bei den Festen zur vorge-
rückten Stunde niemals eine leicht und gerne provozierte Schlägerei.
Die Friedrichsfelder waren friedliche Leute, aber die Gottsbürener und
Hombresser lechzten gierig danach, wenn der Dorfpolizist Anschütz
aus Hümme nicht zur Stelle war. Ein Anlass war leicht gefunden, meistens spielten Eifersüchteleien eine nicht zu übersehende Rolle.

Spielmannszug von Friedrichsfeld

Dorfgeschichten

Eine Geschichte vom Anschütz und vom Herrguth

Julius Lieber hatte zur Heumachezeit ein kleines Fass Bier eingekauft. Wilhelm Fricke, der Nachbar, sah das und wollte gleich davon kosten. Julius sagte zu ihm: »Wilhelm, geh Dich erst auf die Wiese und mache Dich Dein Heu, heute Abend wird das Fässchen angesteckt (angestochen).«

Am Abend nun das folgende Gespräch: »Julius, gib mich ein Pott Bier!« Wilhelm: »Das Bier ist alle.« Julius: »Warum ist das Bier alle?« Wilhelm: »Der Dorfschandarm Anschütz und der Förster Herrguth haben alles ausgesoffen.«

Da ergab sich Wilhelm still seinem Schicksal, denn beide Saufäuser waren ihm wohl bekannt.

Über die alkoholischen Genüsse auf dem Dorf

Da ich so recht beim Erzählen über das ach so beliebte Trinken bin, so will ich noch ein wenig dabei verweilen, nicht beim Saufen, sondern beim Erzählen darüber.

Die Waldarbeiter waren keine Verächter des Schnapses. Sie tranken gut einen viertel Liter bei der schweren Arbeit, denn um eine Buche von dreißig Meter Höhe mit der Axt anzuhauen und dann mit der Handsäge zu fällen, benötigten zwei Mann die Zeit vom Arbeitsbeginn bis zur

Frühstückspause. Ich habe diese Erfahrung selbst in meiner Lehrzeit nach dem Kriege gewonnen, allerdings ohne Schnapszusatz, denn den konnte man in den Jahren 1945 und 1946 nicht kaufen. Alkoholiker gab es bei den Waldarbeitern nicht und Eichenbergs Schorsche (Georg) ist immerhin 99 Jahre alt geworden, ohne weiße Mäuse zu sehen, trotz seines sehr hohen Alkoholkonsums in seiner Holzhauer-Zeit.

Einmal im Jahr, zwischen Weihnachten und Neujahr, ließen die Waldarbeiter »die Wutz raus«. Dann feierten sie das Wichtelmännchenfest draußen im Walde. Das Wichtelmännchen, ein Waldgeist, der über ihr Wohl und Wehe wachte, liebte es gar nicht, wenn in diesen stillen Tagen draußen im Walde gearbeitet wurde. Wer es trotzdem tat, der musste damit rechnen, dass ihm das Wichtelmännchen die Axt oder Säge in den Fuß lenkte. Außerdem pflegten nach Meinung der Leute die Bäume ihrem Liebesfest nachzugehen, damit sie tüchtig Mast zeugten. Es wäre unfein gewesen, sie dabei mit Axt und Säge zu stören. Dem Wichtelmännchen musste trotzdem die Ehre angetan werden, deshalb versammelten sich die Rotten jeder Försterei des Reinhardswaldes um ein mächtiges Feuer draußen im Walde. Die Lehrlinge mussten mit der Rückekarre viele Kilo Gehacktes, Bierkisten und zahllose Schnapsflaschen heranholen. Eier, Speck, Wurst und Brot bargen die schon oft damit strapazierten Rucksäcke, die durch Holzkohle und Fett eine zünftige Patina angenommen hatten. Nach einer angemessenen Menge Alkohol begannen die Gesänge der wilden Gesellen, die sich mit Holzkohle ihre Gesichter furchterregend eingerußt hatten. Das Gesinge und Gegröhle musste so laut sein, dass der Lärm von Försterei zu Försterei durch die dichten Waldkulissen drang. Ja, so hatte es das Wichtelmännchen gern und vielleicht hat es sogar eifrig mitgezecht.

Am Abend bei schneeigem Licht kamen sie dann endlich »vorm Holte rup« am Wald entlang gezogen, die Schnapsleichen auf die Rückekarren gelegt und am Dorfeingang mit lautem Geschimpfe ihrer Frauen empfangen. Das animierte die »Mannslüe« ihrerseits, auf die verdammten

»Wiebesmenschere« zu schimpfen, um dann die Wirtsstube um weitere Stunden zu belegen, verstärkt durch die übrigen Saufäuser des Dorfes.

Mein Vater entzog sich mit Bedacht der Veranstaltung, indem er Urlaub nahm und sich einen schönen Tag machte. Er liebte nämlich die bei solchen Saufereien üblichen Anbiederungen nicht.

Die liebste Einkehr aller Durstigen war bei »Baumanns Heini« an der alten, rundbogigen Diemelbrücke in Trendelburg. Der Heini war ein Original, auffallend dickleibig, sehr langsam in seinen Bewegungen und in seiner Sprache. Leidenschaftlich ging er der Jagd und Fischerei nach. Die Diemel, damals ungemein fischreich, brachte ihm reiche Beute, die er in Reusen fing. Aale gab es zuhauf. Sie kamen nach dem Fang in ein rundes Wasserbassin mit einem plätschernden Springbrunnen, damit es ihnen nicht an frischem Wasser mangelte. Dort durften sie sich so lange in Gemeinschaft mit einigen Forellen schlängeln, bis ein Gast Gelüste zeigte, sich an einem Aal, blau oder gebraten, zu delektieren. Im Kriege labte sich vornehmlich die Parteiprominenz, an ihrer Spitze der Gauleiter Weinrich aus Kassel, daran. Der Heini genoss dadurch das Vergnügen, nicht das Feld der Ehre betreten zu müssen.

Vater machte um das Lokal einen Bogen. Er ging in keine Wirtshäuser mit Ausnahme der Gastwirtschaft Konze in Deisel, wo es die besten hausgemachten Würste gab, die verlockend im Rauch an der Decke der Tenne hingen und mit der Wurstegabel, die jeweils eine ganze Wurstestange fasste, zur Begutachtung heruntergeholt wurden.

Stammgast bei Heini war der Vorgänger meines Vaters, der Hegemeister Fankhauser, der, wenn er Füchse gefangen und beim Pelzhändler in Deisel verhökert hatte, sofort den Erlös in erfrischende Getränke anlegte. Wenn er voll des Allersheimer Bieres war, dann setzte ihn der Heini in die Kleechaise, gab dem Pferd einen Klaps, das dann den Weg nach Friedrichsfeld zum gewohnten Stall ohne Schwierigkeiten fand.

Wenn Doktor Bleckmann dort einkehrte, schaute der Heini auf die Uhr, und nochmals, wenn derselbe das Lokal verlassen wollte. Anhand der verbrachten Stunden errechnete der Wirt die Zeche, denn das beruhte auf langer Erfahrung, weil der Doktor je Stunde die gleiche Menge Bier zu sich nahm.

Die Schnapstrinker ließen sich diesen in Kännchen servieren, im Viertelchen oder im Halben. Ein Viertelchen maß einen Viertelliter, ein Halbes fasste einen Achtelliter.

Der Burgemaaster

Besagter Fischer Lui, aus einer Landarbeiterfamilie mit 8 Kindern stammend, war das Dorffaktotum. Er brachte auch die Bekanntmachungen unter die Leute. Dann setzte er sich seine blaue Dienstmütze auf, klemmte sich die Ortsschelle unter den linken Arm und das Bekanntmachungsbuch in die rechte Hand, hinkte, denn er war von Geburt mit einem kürzeren Bein bedacht worden, gemächlich zu den Kreuzungspunkten der Dorfwege, schellte laut und ausdauernd und machte, nachdem er sich umständlich die Brille aufgesetzt hatte, eine vor Erwartung ob der Neuigkeiten sorgfältige Kunstpause. Dann begann er, laut und kunstvoll betonend, das Gebell der Hunde überstimmend, mit dem wichtigen Wort:

»Bee 'kannt 'machung« und schloss nicht minder salbungsvoll mit »Der Burgemaaster«.

Fischer Lui (1966)

Andere kleine Geschichten

Zu Weihnachten gab es Aufregung bei den Kindern. Die Jungens bekamen Holzpferde (Pääre) und die Mädchen Puppen (Poppen), die Bauernkinder natürlich die bessere Ausführung. Ich bekam eine mit einer Batterie betriebene elektrische Eisenbahn. Da gab es für die Jungens etwas zu gucken und zu spielen. Doch bald war die Batterie leer und die Bahn lief nicht mehr. »Sie ist lahme«, sagten die Jungens und zogen sich enttäuscht und mit etwas Verachtung wieder zu ihrem gewohnten Spielzeug zurück.

Helmut Puchert als kleiner Junge

Autos gab es in Friedrichsfeld nicht. Eines hatte der Doktor Bleckmann in Trendelburg, das andere, von einem Chauffeur gelenkt, der Oberförster Bachmann. Bachmann war leidenschaftlicher Jäger, wie sein Vater selig, der Schulprofessor Bachmann in Hofgeismar, der deshalb auch Professor Päng genannt wurde. Der Oberförster machte gern seine Schießübungen aus dem offenen Wagen mit der Kugel auf fliegende Krähen, und niemand fand etwas dabei.

Doktor Bleckmann, ein guter Landarzt, besaß sehr viel Fingerfertigkeit, wie sie viele seiner Kollegen heute nicht mehr haben. Leider war er sehr dem Alkohol ergeben. »Der Bleckmann ist besoffen, der Doktor aber nicht.« Die Bauern akzeptierten das, auch wenn er ihnen manchmal kleine Schweine und Hühner totfuhr. Das verzeihliche Missgeschick wurde dann beim nächsten Krankenbesuch verrechnet. Trunkenheit am Steuer war damals ein völlig unbekanntes Delikt, denn auch durchgehende Pferde, die alles demolierten, was ihnen unter die Hufe kam, zählten zu den Dorfalltäglichkeiten. Zwischen dem Wert der Pferde und dem Auto des Doktors machten die Dörfler keinen Unterschied.

Eine Dorfgeschichte aus Gottsbüren

Einen Bauern plagte im Winter der Durchfall und er schickte deshalb nach dem Doktor. Der sagte zum Aßhauer Schollo – Schollo war der Spitzname, denn Aßhauers gab es viele im Ort:»Schollo, Du Dölmer freet Heidelbeeren!« Antwort Schollo: »Du darlecke Doktor, wie kann eck Wintertages Heidelbeeren freten?!«

(Ein Dölmer ist ein nicht ganz gescheiter Mensch, und ein Darlecker war nicht ganz richtig im Kopf.)

Schulausbildung

Die Dorfschule in Friedrichsfeld

Friedrichsfelder Schulkinder (1932), Helmut Puchert in der Mitte unten

Die geistigen Genüsse zu vermitteln, hatte sich der Dorflehrer in unserer einklassigen Schule zur Aufgabe gesetzt. Es war dies zu meiner Zeit der Lehrer Wilhelm Ries. Ich muss noch heute meinen Respekt den Lehrern zollen, die eine solche einklassige Schule in abgeschiedenen Dörfern pädagogisch meisterten, denn die Generation, die sie erzogen haben, musste die schwersten Jahre unseres Landes im Kriege und in der Nachkriegszeit meistern.

Die pädagogischen Methoden waren andere als heute. Man hielt von Strenge und auch von körperlicher Züchtigung viel. Die geistigen Genüsse würzte der »Altvater«, so nannte sich Wilhelm Ries oft, mit diversen Haselstecken, die frisch geschnitten und von unterschiedlicher Länge und Stärke wohl geordnet hinter dem Pult standen. Ich habe von ihm nie »Senge« bezogen, auch die Buben der größeren Bauern nicht, denn der Lehrer wollte sich seine Naturalquellen nicht verstopfen. Desto mehr bekamen die Jungen der armen Tagelöhner. Mit dem militärischen Kommando »Rumpf vorwärts beugt!« mussten die Delinquenten vortreten. Der Hosenboden wurde strammgezogen und dann pfiff der Stecken. Manchmal rannte einer der Gezüchtigten jammernd und schreiend nach Hause und holte seine Mutter, die laut schimpfend dem Lehrer an den Kopf warf, dass nur die Jungen der Armen geschlagen würden, womit sie nicht unrecht hatte. Wilhelm Ries störte das wenig und er drückte die Schimpfende ohne viel Worte zur Schultür hinaus.

In der ersten Klasse lernten wir lesen und schreiben nach dem A-Buch. Auswendig gelernt wurden Lieder des Gesangbuchs. Als Literatur diente hauptsächlich eine Schulbibel. Auf Schönschrift wurde sehr geachtet.

Am Jahrestag einer Schlacht im Ersten Weltkrieg, an der der Leutnant der Reserve Wilhelm Ries teilgenommen hatte, wurde uns das Geheimnis der hohen Kriegskunst präsentiert. Verstanden habe ich nichts, nur so viel, dass der ehrenhafte Krieg zu den Notwendigkeiten des Menschengeschlechtes gehöre. Die Worte vom männerstärkenden Stahlbad der Nation kamen einige Jahre später dazu.

Nachdem ich glaubte, in die Künste des Lesens, Schreibens und Grundrechnens eingeführt worden zu sein, um wohlpräpariert in die »Hohe Schule« nach Hofgeismar, einem Reform-Real-Gymnasium, überwechseln zu können, erschien in der Volksschule zu Friedrichsfeld mein Großvater Hugo Macht.

Er, der Vater meiner Mutter, war Truppenunterrichtsleiter bei der Reichswehr zu Detmold und Konrektor einer privaten Handelsschule. Obwohl er nie Soldat war, hat er bei der Erziehung preußischer Kadetten in Naumburg a. S. und Bensberg bei Köln mitgewirkt. Großvater hatte eine imponierende Gestalt. Er trug einen markanten Bürstenhaarschnitt wegen seines festen, lockigen Haares. Er galt als ein begabter Pädagoge und hat auch dem Prinzen von Lippe-Detmold Unterricht gegeben, wohlgemerkt in seiner Wohnung, nicht im Schloss, wohin er zunächst kommen sollte.

In der Sommerzeit des Jahres 1932 saß Großerzvater nun einen Vormittag lang auf der Seitenbank in der Friedrichsfelder Schule und hörte sich alles an, was der Lehrer Ries an Pädagogik entwickelte. Mein Vater hat mir dann später erzählt, was der Großvater danach gesagt hatte.

»Auf dieser Schule kann Helmut nicht bleiben. Das genügt nicht. Er muss auf eine ordentliche, vielklassige Schule nach Lippe-Detmold, damit er Ostern 1933 gut vorbereitet nach Hofgeismar in das Gymnasium überwechseln kann.« Und so geschah es dann auch.

In Detmold zur Vorbereitung auf das Gymnasium

Zunächst einmal begann alles mit einem Urlaub bei den Großeltern, denn in Detmold gefiel es mir immer gut. Der Großvater wollte sich nicht allein auf sein eigenes Urteil über meine Kenntnisse stützen. Deshalb holte er noch einen Kollegen herbei, der mit mir Diktat und Rechenaufgaben machte. Ich tat dies ohne Widerstreben. Es blieb dabei, ich sollte auf die Knabenbürgerschule kommen. Aber so einfach war es nicht für einen »kleinen Preußen«, im Lande der »Lippsken«, in diese Schule aufgenommen zu werden. Für »Ausländer« gab es eine andere Schule. Mein Großvater als Truppenunterrichtsleiter, damit im Offiziersrange und somit zu den gutbürgerlichen und konservativen Honoratioren der Stadt zählend, erwirkte eine Ausnahme für mich. So kam ich in die Klasse des Lehrers Vietmeyer, eines rechtschaffenen und tüchtigen Mannes, von dem ich an Grundwissen viel lernte. Zusätzlich gab es durch den Großvater täglich Diktat- und Rechenaufgaben.

Wenn ich meine Aufgaben gemacht hatte und mit meinem Tretroller durch die Stadt rollern durfte, gab es für einen Dörfler wie mich immer viel zu sehen und zu erleben. Was ich in Friedrichsfeld noch nicht wahrgenommen hatte, das sah und bemerkte ich hier: Die Not der armen Bevölkerung und den Hunger, den sie litt. Selbst die Kinder der Tagelöhner hatten im Bauerndorf Friedrichsfeld genug zu essen, und wenn es manchmal auch nur Schmalzbrot, »ein Stücke«, war. Eines Tages kam der Amtsarzt – wohl auch beraten von den Lehrern – in die Schulklasse, sah sich die Kinder an und bestimmte, welche von ihnen in der großen Pause einen Teller Suppe aus der Feldküche der Detmolder Garnison bekommen durften.

Zusammen mit der Not tauchte der Name eines Mannes auf, der bald das Leben eines Volkes verändern sollte wie niemals zuvor: Adolf Hitler. Im Ländchen Lippe-Detmold gelang es ihm mit einem großen Einsatz, in allen Dörfern die meisten Stimmen an sich zu binden. Er wollte die Not beseitigen, so schrie er, und ich war überrascht, dass die Großeltern gar nicht in Jubel ausbrachen wie die vielen anderen Menschen. Ich war erschrocken darüber, dass sich die Leute manchmal unter großem Gebrüll politischer Parolen in den Straßen schlugen. Über meine Erlebnisse mit der »neuen Zeit« an anderer Stelle mehr. Wir Kinder sprachen darüber viel Ungereimtes, und der Lehrer äußerte sich überhaupt nicht in der Klasse über die Tagespolitik. Großvater sprach sicher in der Stammtischrunde mit seinen Gleichgesinnten, aber nie am häuslichen Tisch über die politischen Ereignisse des Tages.

Für uns lief das Leben, wie es schien, in gesicherten bürgerlichen Bahnen. Das Beamteneinkommen der Großeltern langte zu einem guten Leben mit jährlicher Urlaubsreise in die Berge, an die See und zusätzlich noch in das Forsthaus nach Friedrichsfeld.

Mit Großmutter ging ich manchmal auf dem Markt einkaufen, wo die Bauern alles das anboten, was sie selbst produzierten, vom lebenden Geflügel, das erst nach Auswahl an Ort und Stelle geschlachtet wurde, bis hin zur gesalzenen, frischen Butter. Mit einem Buttermesser probierte die Großmutter, ehe sie dann große Portionen einkaufte. Für die Küche galt nämlich Großvaters Wahlspruch: »Es ist besser, wenn mehr Fettaugen aus der Suppe schauen als in sie hinein.«

Auf der Straße grüßten die Soldaten militärisch meinen Großvater und er zog dann ständig seinen Homburg. Ich sammelte eifrig Zigarettenbilder, die den Schachteln beilagen. Das war überhaupt die Sammelmode der Kinder und auch der Erwachsenen in den Dreißigerjahren. Während meiner Zeit in Detmold lief die Serie über den »Bunten Rock«. Ich bekam ein schönes Album dazu und klebte die Bilder hinein. Vielleicht ist damals in mir die Grundidee gelegt worden, einmal die Geschichte des »Grünen Rocks« (über die Uniformen der Forstbeamten) zu schreiben. Geweckt wurde auf jeden Fall die Sammlerleidenschaft, und diese hat mich nie verlassen.

Wenn der Großvater Geburtstag hatte, erschien die Militärkapelle, baute sich auf der Straße vor der Mietwohnung der Großeltern in der Hermannstraße auf und intonierte seine Lieblingsweisen. Als Wagnerianer durfte auch ein Stück seines musikalischen Vorbildes nicht fehlen. Nach dem Ohrenschmaus zog die Kapelle mit Tschingderassabum in Großvaters Stammkneipe, um sich dort tüchtig auf seine Kosten zu laben.

Detmold besitzt ein schönes Residenztheater mit einem nachgemachten klassizistischen Portikus. Gegenüber steht das Denkmal des Dichters

Grabbe, der sich im Trunke seine Phantastereien holte. Das Innere des Theaters lernte ich als Neunjähriger mit Märchenvorstellungen kennen. Allerlei Lehrreiches gab es im Museum der Neuen Residenz (die heute als Musikhochschule dient) zu sehen. Ich habe darüber meinen ersten größeren Aufsatz schreiben müssen. Alles dies hätte ich in Friedrichsfeld nicht zu sehen bekommen. Langsam begann sich für mich der Vorhang der großen Weltbühne zu heben.

Auf der kleinen Dorfbühne

Derweilen hatte es auch in Friedrichsfeld politisch zu gären begonnen, weil sich die kleinen Leute vom Nationalsozialismus und von Adolf Hitler eine Besserung der Notlage in der Weltwirtschaftskrise erhofften. Es waren die Arbeiter und das Kleinbürgertum, die ihm zuliefen. Tagtäglich kamen die Arbeitslosen aus Kassel, zogen über das Land und bettelten, weil sie mit der geringen staatlichen Unterstützung, dem Stempelgeld, die Familie nicht mehr ernähren konnten. Mutter besaß ein kleines binsengeflochtenes Körbchen, das ein Freund meines Großvaters aus Jerusalem mitgebracht hatte. In ihm lagen rote Pfennigstücke, und davon gab sie den armen Leuten. Denen war es völlig egal, welche Kehrseite die Hitler'sche Politik später bringen würde, Hauptsache war für sie, dass sie Arbeit und Brot bekamen. Und sie bekamen tatsächlich Arbeit und Brot nach 1933 und obendrein auch recht schnell.

Die soziale Struktur des Dorfes war einfach. Das Gut galt als der größte Arbeitgeber. Dort arbeiteten die Väter einiger kinderreicher Familien als Gespannführer, und ihre Frauen arbeiteten in der Gutsküche und auf dem Felde in der Haupterntezeit. Die größeren Bauern beschäftigten unverheiratete Knechte und Mägde. Alle Hausbesitzer hatten irgendwo ein Stück Ackerland oder eine Wiese, und wenn es nur Pachtland von der Gemeinde war. Die Tagelöhner bekamen vom Gut oder von Bauern einen Streifen Deputatland, wo sie Kartoffeln für sich und zwei Schweine anzogen. Mit dem Heu und dem frischen Gras der Wegraine konnte eine Ziege oder ein Schaf gehalten werden. Wintertags gingen die »kleinen Leute« in den Wald, verdienten sich einige Groschen beim Holzfällen, erarbeiteten sich ihr Deputatholz und schleppten Abend für Abend Leseholz auf dem Rücken nach Hause. So sparte man sich das Bargeld, das die Städter für Kohlenkauf dringend benötigten. Bargeld war ganz knapp auf dem Dorfe, aber man hatte eine Wohnung, Essen und eine warme Stube. Damit waren die wichtigsten Grundbedürfnisse zunächst einmal befriedigt.

Die Gänse weideten auf dem Dorfanger und schwammen in den Dorfteichen. Fischer Lui, einer der Ärmsten, war in seiner Jugend Schweinehirte. In den Morgenstunden trieb er mit seinem Schweinehund die Herde in den Wald, wo sie tagsüber im Erdboden wühlten und brachen. Lui unterhielt sich und seine Schützlinge mit den Klängen seiner Trompete. Manchmal kam auch ein wilder Keiler dazwischen. Dann gab es mit gestreiften Ferkeln eine Blutauffrischung bei den Hausschweinen. Am Abend zog der grunzende und quiekende Sauhaufen wieder ins Dorf zurück und jedes der Schweine suchte seinen gewohnten Kober von alleine auf.

Obst lieferten gemeindeeigene Apfel-, Birnen- und Zwetschenbäume. Die Obstbäume wurden im Herbst um »ein Geringes« versteigert. Das machten dann die »kleine Lüe« unter sich aus.

Die Wolle der Schafe kämmte im Winter der Wollekämmerer, der von Hof zu Hof zog und dort Kost, Logis und ein kleines Entgelt bekam. Die Frauen drehten dann ihre Spinnräder und strickten Strümpfe und wollene Westen, die sie mit Nussschalen und Blättern unseres Nussbaumes einfärbten.

Der Nationalsozialismus
auf einem nordhessischen Dorfe

Die jungen Männer aus Friedrichsfeld waren im Turnverein vereinigt. Übungen am Pferd, Barren und Reck standen im Vordergrund, aber auch mit Querpfeifen und Trommeln wussten sie umzugehen. Auf einmal tauchten die braunen Uniformen der SA auf und man war plötzlich auf die neue »Bewegung« eingeschworen, denn nun würde angeblich alles besser werden. Hohe braune Glanzstiefel umschlossen eng die Unterschenkel bis zum Knie. Die Uniformvorschrift schrieb braune Reithosen vor. Ein blusenförmiges braunes Hemd umhüllte den Oberkörper mit Rangabzeichen auf dem Hemdkragen. Am Koppel mit Koppelschloss und Schulterriemen hing der SA-Dolch mit einem eingravierten Spruch von Ernst Röhm, dem obersten SA-Führer. Als dieser durch seinen lieben Führer hingerichtet worden war, sah ich unsere Friedrichsfelder SA-Männer eifrig an den Schleifsteinen arbeiten, um den angeblichen Verräter aus dem Gedächtnis zu löschen. Die SA-Mütze hatte österreichischen Zuschnitt. An kalten Tagen zog man graue Windblusen über.

Zusätzlich zu den traditionellen Kirmesschlägereien gab es jetzt Einsätze bei politischen Veranstaltungen der NSDAP. Der SA-Sturm Gottsbüren aus dem Nachbarort von Friedrichsfeld war einerseits begehrt, andererseits gefürchtet, denn die schlagelustigen jungen Männer waren kräftige Waldarbeiter, Landarbeiter und Bauernburschen. Blutige Köpfe galten als ehrenhaft. Mit blutrünstigen Liedern, um die Gegner – Kommunisten und Reichsbanner-Anhänger – einzuschüchtern, zogen die »braunen Kolonnen« durch das Land.

... SA marschiert, Achtung! Die Straße frei! ...

Mein Vater sah das Ganze mit großem Misstrauen an. Das militärische Gehabe von Nichtmilitärs war ihm zuwider. Kumpelhafte Anbiederungen lehnte er ab. Als Volksgemeinschaft sah er das nicht an. Zu der Friedrichsfelder SA sagte er nach der Machtübernahme: »Euch wird man die schönen Lackstiefel schon noch ausziehen und die Füße in schwarze Knobelbecher stecken. Dann wird man Euch auf dem Exerzierplatz schleifen, bis Euer Wasser kocht.« »Nein, nein, wir werden gleich höhere Chargen«, war die Antwort.

Die höhere SA-Führung aus Hofgeismar fuhr in protzigen Autos und mit ihren »Standartenbräuten« von Aufmarsch zu Aufmarsch. Einmal hatte mein Vater am Waldarbeiterfeuer geäußert: »Wenn Euer Führer ein Arbeiterführer sein will, dann sollte er nicht im Hotel Schirmer – dem ersten Hotel in Kassel – absteigen.« Flugs hatte ihn irgendeiner denunziert, eine Methode, die später gang und gäbe wurde. Es dauerte nicht lange und er bekam ein Schreiben, unterzeichnet von dem Kasseler Rechtsanwalt Roland Freisler, dem späteren »Bluthund« des III. Reiches, mit dem Inhalt, dass mein Vater den Führer beleidigt hätte. Vater kannte seine rachsüchtigen Pappenheimer und hat über einen eigenen Rechtsanwalt die Sache zu bereinigen versucht.

Nach der »Machtübernahme« geschahen in Hofgeismar böse Dinge. Personen, die sich durch ablehnende Äußerungen missliebig gemacht hatten, wurden zu nächtlicher Stunde aus ihren Wohnungen geholt, in die SA-Kaserne nach Hofgeismar gebracht und dort unter Trommelwirbel blau und grün geschlagen. Die Misshandelten mussten sich zum Schweigen verpflichten. Nur der Lehrer Auel aus Trendelburg zeigte meinem Vater in einer Dickung im Walde seinen geschundenen Körper. Rechtsstaat und ordentliche Gerichtsbarkeit existierten anscheinend nicht mehr.

Die Friedrichsfelder Waldarbeiter, zwar alle in der SA, waren meinem Vater treu ergeben. Sie respektierten seine Furchtlosigkeit. Eines Tages sagte Fritz Götte am Frühstücksfeuer in Gegenwart der Rottenkameraden:

»Herr Förster, nehmen Sie sich in Acht. Die wollen Sie auch holen.«

Mein Vater: »Fritz, wer war im letzten Krieg Führer eines Scharfschützenzuges?«

Fritz Götte: »Sie, Herr Förster.«

Mein Vater: »Fritz, wer schießt in Deisel beim Schützenfest die ersten Preise?«

Fritz Götte: »Sie, Herr Förster.«

Mein Vater: »Fritz, wie viel Gewehre habe ich?«

Fritz Götte: »Vier Stück, Herr Förster.«

Mein Vater: »Mich holt keiner, das merkt Euch, denn jeder Schuss trifft.

Aus Friedrichsfeld wurde keiner geholt. Der redliche Stellmacher Wilhelm Fricke hatte den jungen SA-Leuten angedroht, dass er jeden von ihnen mit dem »Schmachtriemen«, dem Leibriemen, fest in die »Schnutte« schlagen würde, wenn im Ort eine solche Sauerei passieren sollte. Hier hatte die verschworene Dorfgemeinschaft gesiegt. Die Dörfler konnten manchmal spinnefeind untereinander sein. Man beschimpfte sich auch mal mit den gröbsten Worten. Wenn aber jemand in Not geriet, dann standen ihm alle zur Seite, auch der vorher lauthals schreiende Gegner.

Als ich aus Detmold nach Friedrichsfeld zurückkehrte, hatte Adolf Hitler die Macht übernommen und seine braunen Kolonnen beherrschten das Land. Die Arbeitslosen hatten bereits Arbeit bekommen, auch wenn es nur Notstandsarbeiten mit Wegebau und Felddrainagen waren. Alle Hausbewohner hatten Hakenkreuzfahnen erworben, die bei jeder Parteiveranstaltung und den vielen angeordneten Festen aus den Fenstern zu hängen hatten. Vor der Försterei musste ohnehin dienstlich geflaggt werden, vor 1933 mit Schwarz-Rot-Gold für die Weimarer Republik und Schwarz-Weiß für Preußen, dann Schwarz-Weiß-Rot (Gegner der Republik) und die Hakenkreuzfahne.

Vater war im Mai 1933 in die Partei eingetreten, nachdem ihm der Lehrer Wilhelm Ries, der meinem Großvater seine Tat, mich nach Detmold zu holen, nie verziehen hatte, ständig in den Ohren gelegen hatte und ihm als Beamten viele Unannehmlichkeiten ausmalte, wenn er es nicht tun würde. Auch ich war plötzlich beim Jungvolk. Nur meine Mutter trat nie einer Parteiorganisation bei, auch nicht der NS-Frauenschaft.

Mit den Juden hatten die professionellen Nazis sofort etwas vor. Siegfried Rosenbaum aus Deisel war Jude. Er handelte mit Fellen aller Art und kaufte meinem Vater alle Fuchsfelle ab, die er im Laufe des Winters präpariert hatte. Die Füchse schoss Vater mithilfe des Dackels »Schnauzerl« am Bau, nachdem der Hund den Fuchs aus der Röhre oder dem Bau gesprengt hatte. Er fing sie auch mit Tellereisen und Ködern. Der Verkauf, den meine Mutter führte, entwickelte sich zu einem stundenlangen Gefeilsche. »Gott der Gerechte«, stöhnte Siegfried mit einem Unterton von Anerkennung. »Frau Förster, Sie wären eine gute Handelsfrau geworden!« Siegfried setzte sich beizeiten mit seiner Familie in die USA ab.

Vater bekam Böses zu hören, weil er anfänglich im Kaufhaus Tietz in Kassel seine Einkäufe machte und diese vor aller Öffentlichkeit nach Friedrichsfeld bringen ließ.

In meinem Heimatort selbst wohnten keine Juden, sodass ich ihr Schicksal nicht verfolgen konnte.

Vielfach waren Bauern auch bei Juden verschuldet. Daraus resultierte ein gewisser Hass und man versprach sich, durch die Nazis billig von den Schulden loszukommen.

In der Sexta hatten wir als Klassenkameraden noch einen jüdischen Mitschüler aus Hofgeismar, einen »Judenjungen«, wie einige Gehässige zu sagen beliebten. Eines Tages kam er nicht mehr und niemand fragte nach seinem Verbleib.

Eine ganz üble Szene spielte sich nach der Machtübernahme auf den Straßen der Kreisstadt Hofgeismar ab. Angehörige der SA holten den sozialdemokratischen Bürgermeister Weidemann ab, setzten ihn rittlings und mit dem Gesicht nach hinten auf einen Ochsen und zwangen ihn auch, dessen mit Kot verschmierten Schwanz in die Hände zu nehmen. Unter Gejohle führte ihn die boshafte Menge durch die Stadt, auch einige Abiturienten mit weißen Schülermützen beteiligten sich daran.

Warum das alles? Uns Kindern erzählten die jungen SA-Leute, die selbst noch keine Lebenserfahrung hatten, dass dies nur deshalb geschähe, weil die so an den Pranger gestellten Unbelehrbaren nicht einsehen wollten, dass nur die Ideen des Führers dem Vaterland zur Rettung gereichen würden. Die ganz Hartnäckigen, Nörgler und Miesmacher müssten deshalb in ein Konzentrationslager, in das »Konzertlager«, wie man sagte. Wer nicht der Hakenkreuzfahne nachlief, der war eben ein Vaterlandsverräter, ein Judenknecht, eine Judensau, ein Bolschewik und was nicht noch alles. »Und willst Du nicht mein Bruder sein, dann schlage ich Dir den Schädel ein!« Nach dieser Devise wurde gehandelt, aber nicht in Friedrichsfeld.

Unter dem neu aufgekommenen Begriff der Volksgemeinschaft machten alle bei der Vielzahl der angeordneten neuen Feste, wie dem 1. Mai, Führers Geburtstag oder der Machtübernahme, mit. Es wurde »angetreten«, es gab einen »Appell«. Zuvor war das Dorf mit Birkengrün geschmückt worden, aus den Häusern hingen die Fahnen. Mit Ausnahme der Alten, Kranken und Kleinkinder versammelten sich die Dorfbewohner vor der Schule. Die »Amtswalter« in braunen Uniformen und breiten Koppeln standen an der Spitze des Zuges, vorweg der Schulmeister Wilhelm Ries, der als ehemaliger Leutnant den Haufen ordnete, denn der »Zellenleiter«, der Landwirt Julius Götte, überließ dies gern dem Lehrer. Dann kamen die SA mit Trommeln und Pfeifen, die Hitlerjugend, die Kriegsteilnehmer in Kyffhäusermützen, darunter mein Vater mit Orden und Ehrenzeichen, das Jungvolk, auch ich darunter, der BdM (Bund deutscher Mädchen), die Frauenschaft und was es da noch gab.

Auf das Kommando: »Im Gleichschritt marsch!« bewegte sich die Kolonne durch die wenigen Straßen des Ortes. Zuschauer gab es kaum, denn fast alles marschierte mit. Vor der Gastwirtschaft endete der Umzug. Ein Parteiredner aus Hofgeismar oder aus Kassel stellte sich auf die Treppe der Kneipe in einer goldglitzernden Uniform und brüllte markige Worte unter das Volk, das sich im Innersten des Herzens nach Bier sehnte, das Jungvolk eher nach Limonade. Mit einem dreifachen Siegheil auf den heiß geliebten Führer und dem Absingen des Deutschland- und des Horst-Wessel-Liedes wurde »weggetreten«. Die Männer drängelten zur Theke, die Frauen verschwanden an den Kaffeetisch nach Hause. Auch mein Vater sah zu, dass er schnell das Weite suchen konnte.

Eines Tages musste er als Beamter und Parteimitglied an einem nationalsozialistischen Schulungslager in Weyhers in der Rhön teilnehmen. Mit seiner dort in einem ihm aufgegebenen Referat vorgetragenen Meinung, dass es neben den schlechten Juden auch tüchtige, gute und im Kriege auch tapfere Juden gegeben hätte, die dem Vaterland mit Hingabe gedient hätten, hatte er bewiesen, den Sinn des Nationalsozialismus nicht voll erfasst zu haben. Nach der Parteidoktrin wäre nur ein toter Jude ein guter Jude. Die Nürnberger Gesetze trieben den Rassismus Gedanken auf die Spitze, denn nun mussten die Bürger, an erster Stelle die Beamten, kurzfristig nachweisen, dass sie nicht artfremdes Blut, etwa einer nichtarischen Großmutter, in den Adern hätten. Die Pucherts besaßen es nicht, denn Oskar Puchert hatte es mit seiner Ahnenforschung nachgewiesen. Das hätte jedoch nicht ausgereicht, um die Personalbürokraten zu überzeugen. Deshalb mussten beglaubigte Auszüge aus den Kirchenbüchern und den Personalregistern herbeigeschafft werden.

Die viel umjubelte NS-Führungsspitze sah wahrhaftig nicht danach aus, als wenn sie mit den edelsten germanischen Vererbungsgenen (blond, blauäugig, reckenhaft gewachsen und was es da noch an angeblichen hervorragenden Eigenschaften gab) überhäuft gewesen wäre. Deutschland ist immer ein Land der Mitte in Europa gewesen. Die durchziehenden Völker und Zuwanderer haben ihre Vererbungsspuren hinterlassen und dem Land hat es gutgetan.

Auf dem Gymnasium in Hofgeismar

Mein Vater hatte mich inzwischen beim Reform-Real-Gymnasium in Hofgeismar angemeldet. Eine Aufnahmeprüfung brauchte ich nicht zu machen, mein Abgangszeugnis aus Detmold entsprach den Anforderungen.

Meine Eltern mussten für mich ein Schulgeld in Höhe von 20 RM aufbringen. Dazu kamen noch 5 RM für die Bimmelbahn von Trendelburg nach Hofgeismar. Das waren mehr als 10 Prozent des monatlichen Gehaltes meines Vaters.

Von Friedrichsfeld nach Trendelburg fuhr ich mit einem neu gekauften Ballonfahrrad, denn die alten Drahtesel meines Vaters hätten zwar heute Museumswert, aber für einen Zehnjährigen waren sie doch nicht geeignet.

Als sichtbares Zeichen meiner Würde als höherer Schüler, im Unterschied zu den Landwirtschaftsschülern - den »Mistgabelstudenten« - durfte ich eine samtene Schülermütze tragen. Aber ich habe sie nicht lange aufgesetzt, denn sie widersprach dem Gleichheitsgedanken der Nationalsozialisten. Die HJ-Mütze galt als höherrangig. Wer die Schulmütze trotzdem weiter trug, dem wurde sie halt mit Gewalt vom Kopf gerissen.

So sah ich denn 1933 zum letzten Mal die Abiturienten mit weißen Mützen und frisch aufgesticktem M (Maturum) umherlaufen. Sie dünkten mich, den kleine Sextaner, als hätten sie bereits den Gipfel des Olymps erklommen.

Noch etwas verschüchtert begann für mich die Pennälerzeit in Hofgeismar, wo wir als »Saustifte« durch die Reihen der Quintaner Spießruten laufen mussten. Als wir es im nächsten Jahr, nunmehr avanciert, ebenso machen wollten, da wurde der alte Brauch abgeschafft, denn er war nicht mit den Mutproben der HJ vereinbar.

Die Lehrer kamen mir zunächst wie höhere, mit Gelehrsamkeit vollgepackte Wesen vor. Als einer von uns Dörflern es in seiner Naivität wagte, einen der würdevoll dreinblickenden Herren mit »Herr Lehrer« anzureden, wurde er sogleich barsch abgekanzelt. »Das heißt nicht Herr Lehrer, das heißt Herr Studienrat!«

In voller SA-Uniform, als SA-Sturmführer an den Kragenspiegeln erkennbar, trat unser Mathematiklehrer Reichel, genannt »Iwan der Schreckliche« auf. Er war auch zugleich Turnlehrer. Als Kommisskopf, der vom letzten Krieg noch nicht die Nase voll hatte, übte er mit uns Jungens militärisches Exerzieren auf dem Turnplatz. Mit Soldatenliedern, lautem Gesang und Gleichschritt mussten wir zur Schule zurückmarschieren. Nach dem Motto »gelobt sei, was hart macht«, hatte er Boxhandschuhe anschaffen lassen und wir kleinen Kerle sollten uns damit auf die Nase hauen. Nachdem ein Schüler k. o. gegangen war und dies tags drauf auch noch im Hofgeismarer Käseblatt stand – ein Mitschüler hatte sich damit 30 Pfennige Honorar verdient – wurde es unserem Direktor zu viel. Die Boxerei hörte auf, auch deshalb, weil sich einige Eltern beschwert hatten.

Wer in der Mathematikarbeit eine Fünf geschrieben hatte, der bekam entweder in der Klasse den Hintern verprügelt oder er musste sich im Turnraum melden, wo es die entsprechenden Streiche mit dem dicken Klettertau gab.

Dem Guten, Wahren und Schönen hat der »Iwan« nicht gedient. Ich hatte mit ihm keine Schwierigkeiten, denn die Mathematik machte mir keinen Kummer. In einer Jubiläumsschrift der Schule, erschienen nach dem Kriege, wurde sein Name nicht mehr erwähnt.

Ganz das Gegenteil vom Iwan war sein Kollege Johannes Leisge. Er lehrte uns ab der Sexta die französische Sprache. Unermüdlich bemühte er sich, uns die nasalen Laute beizubringen. Seine Gutherzigkeit wurde von den Schülern nicht honoriert, was ich nicht begreifen konnte, denn ich habe seinen Unterricht gerne gehabt und immer gute Noten bei ihm geschrieben. Seine Schwäche, sich nicht durchsetzen zu können, nutzten viele Schüler weidlich aus. Sie peinigten den kleinen Mann schrecklich und nannten ihn »Schabe«. Wegen eines Gehörleidens ging er schon 1935 in den Ruhestand. Das Schicksal verfolgte ihn weiter. Er verlor seinen Sohn, der mit mir in die Klasse gegangen war, im Kriege. Mit seiner Wohnung in Kassel wurde er 1943 ausgebombt und dann starb er auch noch an Krebs.

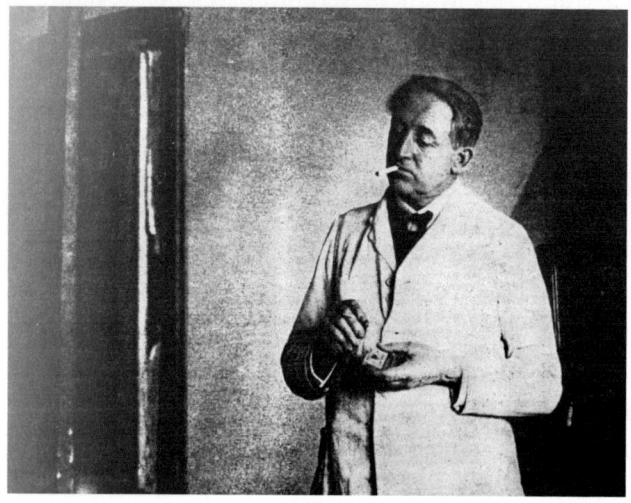

Zeichenlehrer Adolf Faust

Mein liebster Lehrer war Adolf Faust. Er gab Zeichenunterricht und Musik. Von der Sexta bis zur Oberprima hatten wir regelmäßig zwei Zeichen- und Malstunden in der Woche. Wenn jemand den Sinn für das Schöne in mir erweckt hat, dann war er es. Diejenigen, welche am Zeichnen und Malen Spaß hatten, konnten sich ihre Themen und Maltechniken selbst aussuchen. In den Sommerferien habe ich viele Stunden damit verbracht, in der Natur Skizzen anzufertigen. Die schönen

Bauernhäuser in Gottsbüren und Deisel waren oft meine Motive. Einige Reproduktionen mögen davon zeugen, denn die Ensembles existieren vielfach nicht mehr. Sie sind der Abrisswut in den fünfziger und sechziger Jahren zum Opfer gefallen.

Als ich etwa 16 Jahre alt war, durfte ich unter seiner Anleitung in den Dörfern um Friedrichsfeld Ölskizzen anfertigen. Er kam mit einem Sachs Motorrad und hatte eine Staffelei im Rucksack. Ich fuhr mit dem Fahrrad und meiner selbst gebastelten Staffelei hinter ihm her. Er wählte die Motive aus. Wir bauten unsere Utensilien auf und ich musste ohne jegliche Vorzeichnung sogleich mit dem Ölfarbenpinsel beginnen. Er liebte ein schnelles, zügiges und breite Flächen deckendes Arbeiten auf der Leinwand oder der Ölpappe. Ich machte es ihm nach. Leider habe ich in meinem späteren Leben nur noch wenig gezeichnet.

Schülerzeichnung von Helmut Puchert im Alter von 17 Jahren: Es zeigt ein heute nicht mehr existierendes Ensemble aus Deisel (1939)

Schülerzeichnung von Helmut Puchert: Trendelburg (1939)

Als die Zeit der »entarteten Kunst« hereinbrach, wurde auch er durch die Unterrichtspläne im Rahmen der Kunstbetrachtung gezwungen, darüber zu reden. Er machte das ganz einfach und anschaulich, indem er mit dem Epidiaskop einige Bilder von Marc und Macke zeigte und dazu ganz lapidar sagte: »Das soll entartete Kunst sein, aber merkt Euch, so einfach ist die Sache doch nicht«. Das war es denn auch zum Thema entartete Kunst und er gab uns dann zur Bekräftigung einige Motive zum Malen, die, wenn ich sie heute betrachte, von Paul Klee gestammt haben könnten.

Adolf Faust war eine angesehene Persönlichkeit im Kreise Hofgeismar. Er gestaltete auch den Heimatkalender, einen der schönsten im Hessenlande.

Vor Parteibonzen fürchtete er sich nicht, obwohl der Partei fernstehend. Eines Tages kamen einige Schüler aus meiner Klasse, Führer bei der Hitlerjugend, zu spät zum Zeichenunterricht. »Wo kommt ihr her?« Adolf Faust redete uns bis zum Abitur mit Du an. »Wir waren beim Bannführer. Dort hatten wir eine wichtige Besprechung«. »Bestellt Eurem Bannführer einen Gruß von mir und sagt ihm, dass ich mir solches verbitte. Als meine Schüler habt ihr zum Unterricht pünktlich da zu sein. Pünktlichkeit ist die Zierde jedes Soldaten. Ich weiß nicht, ob Euer Bannführer jemals Soldat war.« Bannführer und Partei hüllten sich in Schweigen.

Im Kriege habe ich Adolf Faust mit Tabak und Zigaretten versorgt, denn er rauchte leidenschaftlich gern, so sehr, dass sein irdisches Ende damit vorgezeichnet wurde.

Von der Musik habe ich in meiner Schulzeit nicht viel gehabt, habe auch kein Instrument spielen gelernt, obwohl wir ein schönes, wohlklingendes Klavier besaßen.

Leider hatte ich unseren Chef, wie er von uns genannt wurde, den Oberstudiendirektor Heinrich Henkel, nur sporadisch als Lehrer. Er war ein aufrechter, weitblickender Mann, gütig und erhaben über jegliches Paukertum. Viele Lebensweisheiten, die mir in frühen Jahren gut angestanden hätten, wären mir nicht verschlossen geblieben, wenn ich ihn jahrelang als Deutsch- oder Englischlehrer gehabt hätte. So rannte ich oft als Heranwachsender mit pubertären Gedanken im Kopf ratlos und innerlich fragend, ohne bei mir Antwort zu finden, durch den Wald der Irrungen und Wirrungen.

Entspannung hätte vielleicht der Deutschunterricht bringen können, der aber wurde mir in den letzten Jahren völlig verdorben durch einen phantasielosen Menschen, den promovierten Studienrat Reichert. Ich lag bei ihm immer daneben und habe es auch nur zu einer ausreichenden Note gebracht. Aus eigenem Antrieb hatte ich mir eine zweibändige Goethe Ausgabe gekauft und las mit viel Freude den Reineke Fuchs, Hermann und Dorothea, selbstverständlich den Werther, den Faust – eine Reclam-Ausgabe habe ich in den Krieg mitgenommen – und Dichtung und Wahrheit. Die von ihm angeordnete Literatur wurde mir immer schnell zuwider, so sehr wurde sie von ihm zerkocht. Nie habe ich von ihm gehört, dass ein Gedicht etwas klanglich Schönes sei.

Nach dem Kriege habe ich mich in Orthographie und Zeichensetzung verbessert, so gering war das handwerkliche Können, das uns mitgegeben wurde. Nun lag aber auch vieles daran, dass etwa um 1938 der Samstag allein der Erziehung in der Hitlerjugend vorbehalten blieb – Jugend wird durch Jugend geführt. 1939 und 1940 verringerten sich die Unterrichtsstunden durch wochenlange Ernteeinsätze, denn die Schlacht an der Ernährungsfront zu schlagen, war den Nazioberen wichtiger, als an der Bildungsfront zu siegen. Man dachte tatsächlich nur noch in Kriegsmetaphern wie Front, Schlacht und Sieg.

Viel Spaß hat mir der Geschichtsunterricht gemacht. Die griechische und germanische Mythologie habe ich mit Begeisterung gelesen. Geschichte wurde in den Unterstufen in einfacher Form, mit den Griechen und Römern beginnend, zur deutschen Geschichte mit Exkursen in die englische und französische Geschichte fortgesetzt. Die höheren Klassen bekamen nochmals den gleichen Stoff, nun aber vertieft mit Kunst- und Literaturgeschichte sowie etwas Philosophie. Die Naziideologie kam für uns in der Geschichte bereits zu spät.

Das Gymnasium von Hofgeismar war ein Reform-Real-Gymnasium. Nicht die alten Sprachen wie Griechisch, Latein und Hebräisch standen im Vordergrund, sondern neben Deutsch die neueren Sprachen Französisch und Englisch, dazu ausgiebig Mathematik und die Realfächer Chemie, Physik und Biologie. Diese hatten sofort meine Zuneigung gefunden. Deshalb wechselte ich ab der Obersekunda in den mathematisch-naturwissenschaftlichen Zweig ohne Latein. Ich wurde ein richtiger Oberrealschüler ohne strenge humanistische Bildung.

Die Nazis hatten Deutschland von der Welt abgeschnitten. Sprachstudienaufenthalte im Ausland gab es nicht mehr, denn die kosteten Devisen, und Devisen brauchte man zur Aufrüstung. Das Ergebnis war, dass wir nie gelernt haben, eine fremde Sprache im jeweiligen Land zu sprechen, obwohl ich acht Jahre Französisch und sechs Jahre Englisch hatte.

Meine Berufsschwärmerei galt der Chemie, und ich glaubte einmal, dass Chemiker der richtige Beruf für mich sei. Ich erwarb zwar im Abiturzeugnis in Chemie eine sehr gute Note, aber es ist alles ganz anders gekommen.

Einen Lehrer darf ich nicht vergessen zu erwähnen, den Oberstudienrat Rudolf Storck, genannt Papa Storck. Er gab Deutsch, Latein und Religion. Bei ihm habe ich zeitweilig Deutsch und Religion gehabt. Vielleich hätte ich bei ihm auch gut Latein gelernt und manche grammatikalische Regel wäre mir leichter gefallen.

Während ich diese Zeilen schreibe, lese ich in den Schreibpausen mit großem Vergnügen die Lebensbeschreibung von Johann Gottfried Seume, genannt »Mein Leben (1763 – 1810)«. Hier bringt ein begabter Humanist am Ende seines Lebens seine Erlebnisse auf dieser Welt zu Papier, allerdings unvollendet, denn der Tod nahm ihm mitten in der Arbeit die Schreibfeder aus der Hand. Es ist ein klassisches Werk der Autobiographie, das in seiner Art und Weise nie entstanden wäre ohne eine perfekte Ausbildung in der lateinischen und griechischen Sprache und der damit verbundenen humanistischen Gesamtbildung.

»Papa« Oberstudienrat Storck

Der gute Papa Storck hat mir am Ende des Krieges aus einer bösen Situation geholfen, wenn nicht sogar das Leben gerettet. Es war im Herbst 1944 und ich befand mich an der Front in Italien. Urlaubsscheine gab es nur bei Vorlage eines triftigen Grundes, und wir wurden regelrecht dazu animiert, einen solchen zu erfinden. Also gab ich eine Schwererkrankung des Vaters an, obwohl er kerngesund war. Der auf dem Urlaubsschein vermerkte Grund blieb auf dem Bürgermeisteramt in Friedrichsfeld nicht verborgen. Der Bürgermeister meldete dies dem obersten Parteiführer und -redner des Ortes. Dieser, ohne mir ein Wort zu sagen, meldete prompt den Vorfall dem Kreiswehrersatzamt in Hofgeismar, und mir wurde feigerweise durch ein Kind gesagt, dass ich mich dort melden sollte. Ich wusste sogleich den Hintergrund zu deuten und ging zu Papa Storck, der auch Major der Reserve und ehemaliger Leiter des Wehrersatzamtes war, und berichtete ihm die ganze Angelegenheit. Er schloss sich mit dem damaligen Behördenleiter kurz, schilderte ihm den Fall, und erst dann begab ich mich in die genannte Behörde. Der dort residierende Major war recht nett zu mir und sagte, dass er die Angelegenheit meiner Behörde melden müsse. Er wolle dies aber nicht auf dem Dienstwege machen, sondern mit einem Feldpostbrief. Dann könne der Kommandeur meiner Einheit, der Panzerjägerabteilung 525, mit der Meldung machen, was er wolle. Im Übrigen wünsche er mir noch einen guten Urlaub.

Da war ich noch einmal davongekommen, denn am Ende des Krieges waren die Nazis mit Kriegsverfahren und Todesurteilen schnell zur Hand. Dass es nicht dazu kam, habe ich Papa Storck zu verdanken. Mein Vater war sehr aufgebracht, und er hätte, was er mir später sagte, im schlimmsten Falle blutige Rache mit der Pistole geübt.

Als ich später Forstmeister in Hofgeismar war (1962–1969), habe ich den »Papa« oft gesprochen, denn er wohnte in meiner Nachbarschaft. Wenige Tage vor seinem Tode holte ich ihm noch einen kleinen Weihnachtsbaum aus dem Walde.

Zu den Lehrern, die ich nach dem Kriege wiedergetroffen habe, zählte auch Dr. Hanns Müller. Er war mein letzter Lehrer in Französisch; recht warm bin ich mit ihm nicht geworden. Sein ältester Sohn, der Dietmar, fiel in Russland. Diesen Schmerz hat er nie überwunden. Erst nach seinem Tode zeigte sich sein künstlerisches Geschick, Gedichte zu verfassen, denn er hat sie zu Lebzeiten nicht an die Öffentlichkeit gebracht. Die Tragik seines Schmerzes zeigen die folgenden Verse von ihm.

Ein Schritt ums Haus

Ein Schritt ums Haus in tiefer Nacht;
Wer mag es sein? Die Sehnsucht wacht
Und flüstert heiß mir in das Ohr:
Dein Sohn ist es, mach auf das Tor!

Doch ach, wie bald verhallt der Schritt!
Und meine Seele wandert mit.
Ich wünsch' dir, Fremdling, gute Rast,
Wenngleich du aufgescheucht mich hast.

Wie irrt mein Herz jetzt durch die Welt –
Bis sich ein andres ihm gesellt:
Ach, Herz des Sohnes, bist auch du
Auf Wanderschaft und ohne Ruh?

Sein zweiter Sohn überstand zwar den Krieg, aber dann brachte er sich mit Rauschgift zu Tode.

Eine gute letzte Note im Zeugnis gab mir der Mathematiklehrer Rudolf Keller. Noch mit 80 Jahren führte er naturkundliche Wanderungen durch und auf einer solchen starb er plötzlich und unerwartet am Wegesrain. »Ach, ich bin so müde«, waren seine letzten Worte.

Nun soll es genug sein mit meinen ehemaligen Lehrern. Sie haben auch einen Beitrag dazu gegeben, dass ich der geworden bin, der ich von Anfang an war. Alle meine Eigenschaften verdanke ich meinen Vorfahren. Ich kann nichts hinzutun und nichts hinwegnehmen. Ich unterschätze und ich überschätze die pädagogische Erziehung nicht. Sie vermag das, was nicht vorhanden ist, auch nicht auszugraben. Verschüttete Gaben und Eigenschaften kann nur ein guter Lehrer freilegen.

Erste Berufsüberlegungen

Obwohl in unserer Familie der Försterberuf die Regel war, hat mich mein Vater nie beeinflusst, auch diesen Beruf zu wählen. Im Gegenteil, sehr oft schimpfte er über die Jagd, die er zwar im Dienst ausübte, aber als Quelle von Neid und Missgunst ansah. Das überhegte Rotwild wusste er schon damals als Waldschädling einzuordnen. Meine Neigungen hingegen wandten sich der Chemie zu und ich experimentierte gern mit einigen Chemikalien und Reagenzgläsern über einer Spiritusflamme zu Hause.

Der »Fahrschüler«

Dort, wo im abgeschiedenen Diemeltal der Wanderer nur noch einen bewachsenen Weg sah, bimmelte, quietschte und schnaubte, dicke Rauchwolken und im Winter weißen Wasserdampf ausstoßend, die Eisenbahn von Hümme nach Karlshafen. Manchmal fuhr sie bis Kassel durch. Wenn es Sommer war, hockten wir lärmend auf den Plattformen der uralten Waggons, dauernd vom schnauzbärtigen Schaffner mit militärischen Tönen zur Raison geboten. Drinnen saßen in den Morgenstunden die Butter- und Marktfrauen, die mit allerlei ländlichen Produkten, verpackt in viele Körbe und Kötzen, auf den Kasseler Markt fuhren. Um die Traglasten besser unterzubringen, liefen die Holzbänke rund um das große Abteil herum, damit in der Mitte genügend Abstellplatz war. In den ältesten Waggons, einst die vierte Klasse, glühte im Winter ein eiserner Kanonenofen, wir lärmend dazwischen. Manchmal wurden auch noch laut im Chor Gedichte gelernt, und wenn die Glocke von Schiller dran war, dann fielen die Erwachsenen ebenfalls mit ein. In Hümme labte sich das Zugpersonal, aus Lokführer, Heizer, Zugführer und Schaffner bestehend, in der Bahnhofswirtschaft, wenn sie von einem spendablen Mitreisenden zu einem Glas Bier eingeladen worden waren. Die Zugfahrten hatten den Vorteil, dass während der Fahrtzeit noch eifrig gelernt und voneinander abgeschrieben wurde.

Nach Trendelburg und zurück kam ich mit dem Fahrrad, im Winter auch manchmal mit den Skiern. Zur Beleuchtung diente in der dunklen Winterzeit eine Karbidlaterne, die am Abend mit Karbidbrocken und Wasser in zwei getrennten Kammern gefüllt wurde. Wenn man sie zum Brennen bringen wollte, dann ließ man das Wasser durch einen Hahn in das Karbidgefäß tropfen. Das sich dann bildende Gas musste über einem Brenner mit einem Streichholz angezündet werden. Der erste Fahrraddynamo war eine technische Sensation.

In Hofgeismar strömte der Schülerhaufen über die Adolf-Hitler-Straße, der vor und nachmaligen Bahnhofstraße, durch die Mühlenstraße über den Töpfermarkt zum eigentlichen Marktplatz, wo das ehemalige Rathaus als Schule diente. Die Einrichtung war höchst einfach, auch im Lehrer- und Direktorenzimmer. Höhere Ansprüche zu stellen, war man nicht gewohnt. Beim Direktor befand sich ein gebrauchtes Sofa, das Eltern spendiert hatten. Die das Geldvermögen verzehrende Inflation, gewissermaßen die Konkurserklärung des letzten verlorenen Krieges, lag erst zehn Jahre zurück. Mit seiner ärmlichen Bausubstanz trug Hofgeismar sogar noch den Stempel des Dreißigjährigen Krieges zwischen den Resten seiner Stadtmauern. Einige schöne Fachwerkhäuser zierten den Marktplatz, jedoch nicht so frisch und farbenprächtig wie heute.

Alte Balkeninschriften aus dem Jahre 1645 in Hofgeismar, Petristraße. Ein Memento mori in Hofgeismarer Dialekt:

»Et nümmet nemes etwat midde. Dat letzte Himmet hät kinne Kieben.«

Wer denkt beim Lesen dieser folgenden Sätze nicht an Goethe?
»Was du von diene Ahnen häst gekrächt, erhalte et, um et to besitten. Dann häst auch diene Freude dran.«

Hofgeismar war seit landgräflich-hessischer Zeit Garnison, zu meiner Zeit noch Standort der Dragoner, die öfters mit klingendem Spiel durch die Stadt zogen, imponierend mit Kesselpauken und mächtigem Schellenbaum. Die Zügel bewegten die Musiker mit ihren Füßen. Mit der Einführung der allgemeinen Wehrpflicht verschwanden die Dragoner – die neue Kriegstechnik hatte sie überflüssig gemacht. Nur wurde den Leuten erzählt, dass die Hofgeismaraner die Dragoner nicht genügend gewürdigt hätten. Das war eine staatliche Lüge.

Unvergänglich in der Erinnerung sind mir aus der Schulzeit zwei Theaterbesuche in Kassel geblieben, die Adolf Faust sorgsam vorbereitet hatte. Es waren dies »Der Freischütz« und »Die Meistersinger von Nürnberg«. Ich wähnte mich in einer anderen Welt, meine damalige Neigung zur romantischen Malerei und Dichtkunst fühlte sich durch die Musik noch mehr angesprochen. Das alles wäre eigentlich Sache des Deutschlehrers gewesen, der aber zeigte keine Regung, uns die große Dichtung auf diese Weise erleben zu lassen.

Der Konfirmand

Der Zwist, der zwischen der Bekennenden Kirche und den Nazis hereingebrochen war, blieb uns Jugendlichen der Kirchengemeinde Trendelburg-Friedrichsfeld verborgen. Wir hatten davon gehört, dass es einen »Reibi« gäbe, den Reichsbischof. Der Schullehrer hielt trotz seiner Parteizugehörigkeit im Friedrichsfelder Schulraum von einer Art Kanzel-Katheder einen Lesegottesdienst aus einer langweiligen Postille ab. Die abgearbeiteten Männer schliefen derweilen um die Wette und wir Kinder hörten auch nicht hin, weil wir den Inhalt der Predigt nicht verstanden. Von der Vorderwand des »Schulkirchenraumes« schaute der Druck eines großen Lutherbildes im Kreise von dessen singender Familie, die er mit der Gitarre begleitete, auf uns herab. Sobald der Lehrer das Harmonium zum Choral anstimmte, wachten die Männer, welche getrennt von den Frauen saßen, auf und sangen laut und vernehmlich mit. Auch im Gottesdienst war der letzte Krieg noch gegenwärtig. Der Förster Redemann, ein Vorgänger meines Vaters, hatte aus einer eichenen Tafel die Namen der Kriegsteilnehmer und Gefallenen aus dem Dorfe mit sauberer Frakturschrift erhaben herausgeschnitzt.

Als Pennäler brauchte ich den Konfirmationsunterricht nur ein Jahr in Trendelburg mitzumachen, musste aber, wie meine Friedrichsfelder Mitkonfirmanden, jeden Sonntag mit dem Fahrrad zum Gottesdienst in die Kirche des Ortes fahren, ein Anlass, nach der Konfirmation, wie in einem Akt der Befreiung, der Kirche fernzubleiben.

Pfarrer Weise versuchte, uns die Religions- und Glaubenslehre näherzubringen. Da man mit Auswendiglernen viele Ideen zwar nicht leichter begreifen, aber umso sicherer im Gehirn einpflanzen kann, wurde unermüdlich auf diesem pädagogischen Wege vorwärtsgeschritten. Die Bücher des Alten Testamentes erfreuten sich daran, von uns in atemberaubender Geschwindigkeit heruntergeleiert zu werden und, um den

Pastor zu ärgern, die Betonung beim Nennen des Namens Hesekiel immer bewusst falsch anzusetzen. Den kleinen Katechismus in großen Teilen geschwind herunterbeten zu können, war eine selbstverständliche Pflicht. Psalmen und Gesangbuchverse mussten die angehenden Gemeindemitglieder auch in großer Zahl bereithalten. Der Pastor hatte es längst aufgegeben, dass das Auswendiggelernte auch mit Betonung und schöner Stimme vorgetragen wurde. Manchmal gab es leichte Anflüge davon bei den Mädchen, die in der Mehrzahl fleißiger waren als wir Jungen.

Das Konfirmationsjahr verflog schnell und der Tag der Prüfung rückte heran. Die Kirche füllte sich bis auf den letzten Platz. Wir haspelten unser mühsam Gelerntes ab, blieben auch manchmal hilflos stecken, quittiert vom Geraune der alten Tanten und Omas, die auch eifrig registrierten, wie oft die Klugen und Fleißigen drangekommen waren. Endlich war die lange Tortur des Abfragens vorbei und die ernst blickenden Mitglieder des Kirchenvorstandes bestätigten auch heuer wieder, dass die Jungen und Mädchen so viel Wissen über die christliche Lehre gezeigt hätten, um sie ohne Zögern und Bedenken in die Christengemeinde aufzunehmen, damit ihnen das Heilige Abendmahl gereicht werden könne.

Trotz aller Sprüche und Wochensprüche der Partei war die Konfirmation und die Kommunion bei den wenigen Katholiken unserer Gegend eines der ganz großen Familienfeste, übertroffen nur noch von einer zünftigen Bauernhochzeit. Jetzt bot sich dem Pfarrer die Gelegenheit, seine Gemeinde stundenlang an seine Talaraufschläge zu binden. Um acht Uhr in der Frühe pilgerten wir in großen Scharen mit allen Anverwandten auf der staubigen Straße hinunter ins Diemeltal und wieder steil hinauf zum Burgberg, wo sich unter dem Bergfried und um die gotische Hallenkirche viele alte Fachwerkhäuser befanden. Nach dem Motto, dass nur eine lange Predigt genussreich sein könne, bestimmte der Pfarrer, wer hier in der Kirche Herr der Zeit sei. Mit Abendmahl und Einsegnung lief schließlich die Feierlichkeit über drei Stunden, und zur hohen Mittagszeit waren wir wieder zu Hause, wo den Gästen gezeigt wurde, was zu des Leibes Wohlbefinden an Menge und Güte herangeschafft, gekocht, gesotten, gebraten und gebrotzelt worden war.

Konfirmation in Trendelburg am 21.03.1937

Die in der Woche schwer arbeitenden Leute konnten riesige Mengen, vor allem an diversen Braten von Kalb, Rind, Schwein und Geflügel, verzehren. Meine Beamtenverwandtschaft vermochte da nicht so im olympischen Wettessen mitzuhalten.

Pfarrer Weise hatte einen unergründlichen Magen, denn er begab sich von Familie zu Familie. Dort traktierten ihn die Frauensleute unermüdlich mit Leckerbissen, und damit die Pastorin, also die Frau des Pfarrers, nicht darben musste, fanden Braten, Kuchen und Torten in großen Henkelkörben reichlich Platz. Laut Kirchenlieder singend, denn Pfarrer Weise bemühte sich immer so viel wie möglich auswendig seiner Gemeinde im Gottesdienst vorzutragen, zog er durch Feld und Wald am Abend wieder in Richtung seiner Heimat.

Für den Konfirmanden gab es reichlich Geschenke. Ich bekam viele Bücher über Geschichte, eine Armbanduhr und anderes, jedoch nicht im Entferntesten so viel an Gaben und Geld, wie das heute, 50 Jahre später, in der Hybris des Wohlstandes üblich ist. Schnupftücher rundeten den Geschenkereigen reichlich ab, denn es galt für die Dorfjungen inzwischen als schicklich, nicht mehr die Finger beim Schnäuzen zu benutzen, so wie es die alten Bauern auf dem Felde noch unbeschwert taten.

Urlaub

Urlaub war im Dorfe ein völlig unbekannter Begriff. Nur die beiden Beamten, der Lehrer und der Förster, bekamen solchen. Meine Eltern fuhren in meinen Sommerferien mit mir nach Lippe-Detmold, wo es schöne Tage gab. Die Großmutter versorgte uns mit dem Besten. Vater, Mutter und ich waren viel unterwegs, fuhren mit der Straßenbahn meist ein Stück des Weges hinaus und gar oft war das Hermanns-Denkmal unser Ziel. Wenn der alte Bildhauer Bandel gewusst hätte, welches gewinnträchtige Unternehmen er da produzieren würde, wäre ihm ein weniger entbehrungsreiches Leben Begleiter gewesen. Noch heute zieht der bronzene Recke vielzählige Omnibusflotten an, und in dieser Eigenschaft teilt er sich den Erfolg mit der fülligen Germania auf dem Niederwalddenkmal bei Rüdesheim.

Hitlerjugendzeit

Mehr als durch klassische Dichtung und humanistische Bildung wurden wir Jugendlichen durch die kriegstrunkenen, schrecklichen Lieder, die wie Blasen aus einem riesigen Sumpf hervorquollen, beeinflusst, glücklicherweise nicht ein Leben lang.

Da marschierten denn die kleinen Kerle und sangen:

»Es zittern die morschen Knochen
Der Welt vor dem großen Krieg.
Wir haben die Ketten zerbrochen.
Für uns war's ein großer Sieg.

Wir werden weitermarschieren,
wenn alles in Scherben fällt.
Denn heute hört uns Deutschland
Und morgen die ganze Welt.«

Ich habe diesen Gesang nach 50 Jahren noch in den Ohren. Da die SA laut grölte: »...denn heute gehört uns Deutschland und morgen die ganze Welt.«, machten wir das auch flugs nach, ohne uns etwas dabei zu denken. Aber das Ausland dachte sich mit Recht etwas darüber. Es sah die deutsche Gefahr gewaltig heranwachsen, zumal auch die Parteiideologen lauthals verkündeten, dass am deutschen Wesen die Welt genesen müsse. Und wir dummes, junges Volk glaubten das auch noch.

Dabei fing alles so harmlos unter Wandervogelvorzeichen an. Wir zogen mit Kochtopf auf kalbsfellbezogenem Tornister, mit Zeltbahn und vorschriftsmäßig gerollter Decke darauf, hinaus in die Natur, bauten auf Wiesen am Bach das Zeltlager auf, zündeten das Lagerfeuer an, schliefen auf Stroh und sangen Wandervogellieder, das Liederbuch mit der Inschrift »Uns geht die Sonne nicht unter« in der Tasche. Getragen wurde eine einheitliche Kluft: kurze schwarze oder auch braune Hose, braunes Hemd, schwarzes Halstuch mit geflochtenem Lederknoten, das Fahrtenmesser mit Rauten-Symbol und Hakenkreuz an der Seite am Koppel, dieses zusätzlich mit Schulterriemen ausgerüstet, dazu ein schwarzes Käppi, später eine schwarze Schirmmütze, und eine schwarze Windbluse für kühles Wetter.

Die Wochenendfahrten, vielfach im Kreise der Klassenkameraden oder der bekannten Dorfjungen, gefielen mir recht gut. Wir fühlten uns dabei frei und sahen die weite, herrliche Welt vor uns. Das wurde bald anders. Die etwas ungebundenen kleinen Jungenhorden, die Wimpel mit den Aufschriften »Totila« und »Teja« – Ostgotenkönige, denn das Buch von Felix Dahn »Ein Kampf um Rom« war damals ein Bestseller – und Wikinger-Symbolen vor sich hertrugen, wurden in ein umgreifendes, halbmilitärisches Erziehungsreglement eingebunden, in den zentralistisch gesteuerten Totalitarismus eines politischen Systems, das glaubte, den Menschen nach seinem Willen zu formen und letztlich für seine Zwecke missbrauchen zu können.

Mit rauer Stimme verkündete Adolf Hitler von den Tempelzinnen seines Reichsparteitagsgeländes, dass er eine Jugend wolle, flink wie die Windhunde, zäh wie Leder und hart wie Kruppstahl. Das Raubtier sollte aus ihren Gesichtern blitzen. Die Nazigazetten verkündeten diese Sprüche noch heftiger.

Nur die Nachdenklichen im Volke merkten, dass die Vorspiele zum Krieg begonnen hatten. Die Älteren, die das Unheil kommen sahen, wagten aus Furcht vor Verfolgung und Repressalien nichts zu sagen, denn das Volk war zufrieden, die Arbeitslosigkeit war beseitigt, die Männer hatten Arbeit und die einst hungernden Familien bekamen satt zu essen. Hitler verstand es auch meisterhaft, die Arbeiter hinter sich zu bringen; wo er auftauchte, huldigte man ihm mit lautem Jubel, wie einem vom Himmel Gekommenen. Die Demokraten der Weimarer Republik hatten es versäumt, eine Volksverbundenheit herzustellen. Da war schnell manches Ungereimte vergessen. »Wenn das der Führer wüsste«, sagte so mancher der Volksgenossen, wenn etwas Ungereimtes geschah. Die außenpolitischen Erfolge besänftigten auch viele Skeptiker, denn das Großdeutsche Reich, wie es die Ahnen schon 1848 herbeigesehnt hatten, war mit dem Anschluss Österreichs tatsächlich entstanden.

Wir Pimpfe waren plötzlich Staatsjugend geworden, bekamen Unterricht außerhalb der Schule über nationalsozialistisches Gedankengut. Dazu dienten auch die großen Hitlerjugendlager, die ich am Edersee und auf der Insel Langeoog mitmachte. Das Massengehabe gefiel mir nicht, im Alter steigerte sich meine Antipathie gegen Menschenansammlungen noch mehr.

Die Lieder aus dem Repertoire der Landsknechte des Mittelalters stellten das kriegerische Erleben in den Mittelpunkt der Lagerfeuergesänge. Die Lieder der bündischen Jugend verschwanden gleich dem verbotenen Wandervogel. Militärischer Drill und militärische Geländespiele standen im Vordergrund des Lageralltages. Der Ernstfall wurde, von oben gesteuert, mit langer Hand vorbereitet.

Wenn ich mich recht erinnere, war es im Jahre 1938 zur Zeit des Reichskriegertages in Kassel. Vater, als Führer des Friedrichsfelder Kriegervereins, hatte sich schon am frühen Morgen mit dem ersten Zug nach Kassel begeben, denn als ganz großes Ereignis war das Erscheinen des Führers angekündigt. Da hielt es mich voller Neugierde auch nicht mehr zu Hause. Keiner wusste genau, durch welche Straßen Adolf Hitler fahren würde. Gerüchte wogten hin und her. Dann eilte die Kunde durch die Menge, dass er vom Flughafen Waldau kommend die untere Königstraße auf dem Wege zum Friedrichsplatz mit seiner Wagenkolonne passieren würde. Flink schlängelte ich mich durch die Menschenmassen und erdrängelte mir auch einen passablen Platz.

Plötzlich schwoll ein lautes Rufen und Geschrei an, kam näher und näher, steigerte sich, immer lauter werdend, zu einem Stakkato von Heil- und Siegheil-Rufen. Alle rissen die Arme zum »deutschen Gruß« empor, die Sicht fast versperrend, und da kam er, der »größte Führer aller Zeiten«, neben dem Fahrer stehend in einer großen, schwarzen Mercedeslimousine, umgeben von schwarz gekleideten SS-Männern, die zu den Fenstern und Dächern spähten. Die Farbe seiner Uniform hatte einen Stich von Braun ins Gelb, sodass es fast wie Gold aussah. Er trug eine Schirmmütze in der gleichen Farbe mit goldenen Biesen. Seine schwarzen Haare und sein schwarzer Schnurrbart hoben sich von seinem bleichen Gesicht ab, das unnahbar, Halbgöttliches imitierend, wie abwesend in die ekstatische Menge schaute. Er lächelte nicht. Seinen rechten Arm riss er halbschräg zum Gruß nach oben und knickte ihn mit einer halb seitwärts gerichteten Bewegung wieder ein. Mit der linken Hand, die er bei Vorbeimärschen am Koppelschloss hielt, klammerte er sich an die Windschutzscheibe. Nur Sekunden dauerte es, dann war die die Menge erhitzende Erscheinung aus ihren Augen entschwunden.

Ich drängelte mich zum Friedrichsplatz, wo er später, unter der Säulenhalle des Museums Fridericianum stehend, den Vorbeimarsch der alten Krieger abnahm, die sich unter Aufbietung der letzten Kräfte zu einem Parademarsch in breiter Marschkolonne formierten. Von dieser Anstrengung befreit, zogen sie unter tosendem Gesang in Formation weiter.

»Es braust ein Ruf wie Donnerhall...« und »Haltet aus, haltet aus im Sturmgebraus...« klang es aus Zehntausenden von Kehlen, als wollten sie erneut gegen den bösen, bösen Feind ziehen, der ihnen und dem deutschen Volk die Schmach von Versailles bereitet hatte und die der Führer, das betonte er immer wieder mit seiner gutturalen Stimme, beseitigen wollte. Auf welche Weise, das ließ er offen, aber das konnte für Kenner der Politik nur der Krieg sein. Die Propaganda, die sich überall penetrant gebärdete, ließ das Volk wissen, dass der Führer die

Personifizierung der Friedensliebe sei. Auch ich glaubte es in meinem jugendlichen Unverstand, bis das Verhängnis hereinbrach, und dann waren es die anderen Völker, das perfide England an der Spitze, die das Unheil angezettelt hätten.

Meine Eltern hatten sich schon 1933 ein Radiogerät mit einem schönen, ebenholzfarbigen Gehäuse gekauft. Mein Vater wollte zwar hauptsächlich am Sonntag das Hafenkonzert hören, aber die vielen Reden der nationalsozialistischen Potentaten, die den Rundfunk sofort als ein wichtiges Propagandainstrument erkannten, strömten als Zugabe ins Haus. Mit einem billigen »Volksempfänger« erreichten sie auch die Arbeiter und Bauern. Mit einer Rede Hermann Görings, der sich auch mit den Titeln Reichsforstmeister und Reichsjägermeister behangen hatte, in der die berüchtigte Frage vorkam: »Wollt Ihr Kanonen oder Butter?«, zeigte sich die Tendenz der Kriegsvorbereitung an. Das wie hypnotisierte und törichte Zuhörervolk schrie, wie zu erwarten: »Kanonen!«

Als Hitlerjunge und angehender Abiturient bekam ich eines Tages die Aufforderung, an einem vormilitärischen Ausbildungskurs der Nachrichtenkaserne zu Hofgeismar teilzunehmen. In einer Gruppe von 40 Jungen wurden wir behandelt wie Soldaten. Unter Leitung von sonst recht netten Unteroffizieren mussten wir exerzieren, machten Schießausbildung, sogar taktische Übungen und hörten Vorträge von einem jungen SS-Offizier, der die Oberleitung ausübte. Die Offiziere der Garnison mischten sich überhaupt nicht ein. Das, was uns an weltanschaulichen Dingen geboten wurde, muss so banal gewesen sein, dass mein Gedächtnis nicht einen einzigen Satz für die gesamte Dauer registriert hat. Vielleicht war es die Hintergrundabsicht der NS-Schulungsleitung, uns den Offiziersberuf schmackhaft zu machen, aber dazu habe ich nie die geringste Affinität gespürt und das Soldatentum als ein wahrscheinlich notwendiges Übel angesehen. Das Umgehen mit Gewehren habe ich nicht als aufregend angesehen, denn schon als Kind kam ich durch Vaters Beruf damit in Berührung und wusste, wie gefährlich sie sein

können. Ich schoss auch ganz leidlich, weil ich das beim Scheibenschie-
ßen der Förster mit dem Kleinkalibergewehr geübt hatte. Im Übrigen
besaß ich, als Weihnachtsgeschenk bekommen, ein Luftgewehr.

Der weiße Hirsch

»Es gingen drei Jäger wohl auf die Pirsch, die wollten erjagen den weißen Hirsch ...«

Sie bekamen ihn nicht, denn sie hatten nur geträumt und er hatte sie genarrt.

Durch den Reinhardswald zieht auch heute noch gar nicht so selten ein Stück weißes Rotwild seine Fährte. Als ich Forstamtsleiter in Hofgeismar war, habe ich sowohl ein Alttier als auch ein Kalb gesehen.

Wenn vom weißen Hirsch die Rede ist, fängt der Jägeraberglaube sogleich an zu blühen. Sein Erleger hätte mit Ungemach und auch gar schlimmem Unglück zu rechnen.

Als mein Vater im Revier Friedrichsfeld seinem Forst- und Jagddienst nachging, wurde dort ein weißer Hirsch, ein Zehner, gesehen. Wegen ihrer Seltenheit und wohl auch wegen des einmaligen Anblickes hatte die Kreisobrigkeit, der Landrat, alle weißen Hirsche unter Naturschutz gestellt. Es war in der sommerlichen Feistzeit. Alle Förster der Oberförsterei mussten nach Gottsbüren kommen. Dort eröffnete ihnen Oberförster Bachmann, dass jeder der anwesenden Beamten einen weißen Hirsch schießen dürfe, ausgenommen vom Abschuss seien Kronenhirsche.

Am späten Nachmittag desselben Tages sah ich, wie mein Vater sein Jagdmesser haarscharf schliff, und er sprach zu mir: »Heute Abend schieße ich den weißen Hirsch.« Tatsächlich, er erlegte ihn im Distrikt Osterholz, oberhalb der Holzapewiesen. Da war die Freude groß.

Am nächsten Morgen erschienen viele Jäger von nah und fern, um diesen seltenen, sagenumwobenen Hirsch zu betrachten. Natürlich kam auch mit verkniffenem Gesicht der Oberförster, der den Hirsch selbst gern geschossen hätte, denn er war von seinem Naturell her »jagdnietschig« und zusätzlich noch »jagdgeil«. »Das ist ein Kronenhirsch, denn er hat auf einer Seite eine Reihenkrone.«, behauptete er mit amtlicher Stimme. Mein Vater darauf: »Nein, Herr Oberförster, das ist ein Wolfssprossenzehner!«

Und so nahm das Ereignis seinen Lauf. Vater wollte das Haupt mit dem Geweih präparieren lassen. Deshalb gab er den Hirschkörper, so wie er war, dem Wildhändler mit, weil dieser einen Präparator an der Hand hatte.

Tags drauf wurde Vater zum Forstamt befohlen und sah dort den roh abgeschlagenen Hirschschädel mit dem Geweih. Ihm verschlug es die Sprache, ob dieser nach seiner Meinung perfiden Gemeinheit seines Vorgesetzten. Kurz und bündig eröffnete ihm der Oberförster, dass er eine Dienststrafe und wegen Übertretung der Naturschutzanordnung eine weitere Strafe zu erwarten hätte. Auch der Inspektionsbeamte, der Forstrat Dr. Jacob Bungert, genannt das »Jacöbchen«, der gleichen forstakademischen Verbindung wie der Oberförster Bachmann angehörend, nämlich der Freya, verträte die gleiche Ansicht. Ohne meinen Vater rechtlich anzuhören, wurde er »verdonnert«.

Vater, leicht erregbar, kochte vor innerem Zorn, ließ sich aber nicht provozieren, sondern suchte über seinen Freund, den Förster Schmidt, »Hirschvater« Prof. Oelkers, der auch Jagdkunde las, zu einer Rücksprache auf. Mit dem Geweih in der Hand fuhr er nach Hann. Münden zur forstlichen Hochschule. Oelkers war ein Mann, der knapp und präzise formulierte und das auch von seinen Studenten verlangte. Ich habe ihn in meiner Studentenzeit 1948 kennen und schätzen gelernt. Sein Urteil zum Hirschgeweih: »Das ist kein Kronenhirsch und das gebe ich Ihnen auch schriftlich.«

Mit diesem Gutachten erhob Vater Einspruch gegen die ihm auferlegten Strafverfügungen. Lange Zeit hörte er nichts. Plötzlich starb der Oberförster Bachmann, weil er sich mit einer nicht auskurierten Lungenentzündung vor lauter Jagdgier bei beißender Winterkälte auf den Ansitz am Fuchspass begeben hatte und sein Körper diese Strapaze nicht mehr mitmachte.

Nach seiner Beerdigung wurden alle gegen Vater erlassene Strafen zurückgenommen.

Jahre später traf er Prof. Oelkers wieder. »Ach, Sie sind der Förster mit dem weißen Hirsch. Wissen Sie, ich bin ja nicht nur Professor, sondern auch preußischer Forstmeister im Revier Gahrenberg. In dieser meiner Dienststellung hat mir die hohe Regierung in Kassel einiges zu hören gegeben.«

So bewahrheitete es sich – wie in dieser Geschichte erzählt – dass der weiße Hirsch es sich nicht hat nehmen lassen, seinem tatsächlichen und seinem gewollten Erleger reichlich Ungemach und sogar den Tod zu bescheren.

Später schoss mein Vater noch ein weißes Alttier, das sich an ihm nicht mit Verwünschungen gerächt hat.

»Und eh' die drei Jäger ihn recht geseh'n, so war er davon über Täler und Höh'n.«

Hitler lässt die Kriegsbestie aus dem Käfig

Im Sommer des Jahres 1939 brauten sich dunkle Gewitterwolken am politischen Himmel zusammen. Die Reden Hitlers quollen vor Aggressionsgedanken über, aber das Volk hoffte immer noch, wie in den Jahren zuvor, dass der Frieden erhalten bleiben möge. Die Schrecknisse des letzten Krieges waren bei der älteren Generation in noch zu frischer Erinnerung.

Plötzlich mussten wir älteren Schüler und Schülerinnen die Klasse verlassen und wurden zum Ernteeinsatz befohlen. Viele ehemalige Soldaten wurden zusätzlich zu den Wehrpflichtigen eingezogen. Es mangelte deshalb an Arbeitskräften, und draußen stand das lebensnotwendige Getreide auf dem Halm.

Mein Einsatzort war, zusammen mit den in der Nähe wohnenden Klassenkameraden, die Domäne Trendelburg. Die Landarbeit war mir als Dörfler nicht fremd und ich hatte schon oft beim Nachbarn Hofeditz beim Beladen der Erntewagen geholfen. Ein kühler, regnerischer August war zu Ende gegangen und noch viele Felder trugen die langen Reihen der Hocken.

Früh schon hatte ich mich zum Vorwerk Hammelstall begeben. Der Kalender zeigte den 1. September 1939. Die wenigen anwesenden Arbeiter und Arbeiterinnen konnten ihre Erregung nicht verbergen, denn in der Nacht waren viele Männer zum Wehrdienst eingezogen worden. Wir begaben uns lustlos an die Arbeit, die schon nach kurzer Zeit abgebrochen werden musste, weil sich alle wegen einer Ansprache des Führers nach Trendelburg begeben sollten. Gemeinschaftsempfang war üblich, denn im großen Kreis wagten auch die Vorlauten keine Kritik.

Er, der »heiß geliebte, größte Führer aller Zeiten«, hatte eigenhändig die Bestie aus dem Käfig gelassen, die mordgierig und bar jeder Vernunft sich nicht mehr einfangen ließ – den schrecklichen Krieg.

Als er schrie, dass seit fünf Uhr in der Frühe zurückgeschossen würde, da blieben die Leute unseres Kreises vor Entsetzen still. Selbst der Zellenleiter und Apotheker Alfred Eisenlohr, ein uralter »Kämpfer«, der im braunen Gewande unter uns saß, hüllte sich in Schweigen. Noch konnte er nicht wissen, dass er einen seiner Söhne auch zum Opfer darbringen musste. Als aber Adolf Hitler ankündigte, dass er, sollte er fallen, den Parteigenossen Hermann Göring als seinen Nachfolger auserwählt hätte, da brach der fanatische Dorffunktionär in heiße Tränen aus, denn er konnte den Gedanken nicht verwinden, sein und seiner Frau geliebtes Idol tot zu wissen.

Ich habe fünfeinhalb Jahre später wieder Tränen in den Augen von Wehrmachtshelferinnen gesehen, als die Nachricht über den Rundfunk kam – es war in Toblach in Südtirol –, dass der Führer gefallen sei. Das war, nebenbei gesagt, auch eine der vielen Propagandalügen der damaligen Zeit. Nur diesmal schrie ein alter Obergefreiter: »Seid ruhig, ihr dummen Weiber, es ist gut, dass das Biest tot ist!«

Aber so weit konnte damals noch keiner denken, denn der Krieg gegen Polen ging schnell zu Ende. Dass das nur ein Vorspiel der kommenden schrecklichen Tragödie werden sollte, das ahnte nicht einmal der allwissende Führer. Ich selbst glaubte, damals 16 Jahre alt, dass das Unwetter an mir vorüberziehen würde.

Der Winter 1939 und 1940 trumpfte mit Dauer, Strenge und Kälte auf. Noch wusste niemand, dass seine zwei Nachfolger sich genau so brutal zeigen würden, wie die Menschen es ihm vormachten. Wir hatten im Forsthaus genug Holz zum Heizen der Öfen, wobei es zu bedenken gilt, dass der heutige Wohnwärmeluxus nicht im Entferntesten erreicht wurde. Tagsüber heizten wir nur die Küche und das Wohnzimmer. Dort stand ein Kachelofen, der die Wärme auch in der Nacht hielt und nach Bedarf die Temperatur des Esszimmers, »der kalten Pracht«, wie die guten Zimmer der Bauern hießen, erhöhte.

Das Dienstzimmer, für das es Freibrennholz gab, heizte der Vater nur ein, wenn er sich an die schriftlichen Arbeiten machte. Das tat er mit Vorliebe am Samstag und Sonntag, weil er im Kriege zwei Förstereien zu versehen hatte, tagsüber im Walde war und weite Fußstrecken zurücklegen musste. Dann übertrug er die Holznummern mit Länge und Durchmesser aus den Kladden schön sorgsam in ellenlange Nummernbücher, sortierte dort die Stammholzklassen nach Stärke und Güte, ermittelte die Festgehalte und rechnete lange Zahlenkolonnen flink im Kopf zusammen. Heute macht dies nur noch der Computer.

Die Lebensmittel waren mit Beginn des Krieges rationiert worden. Es gab praktisch nichts mehr ohne Marken zu kaufen. Keiner merkte, dass das Geld nur noch so viel wert war wie das, was man damit kaufen konnte, und das war nicht viel. Unterschiede in der Gehalts- und Lohnhöhe zeigten sich nur noch nominal, nicht mehr real.

Zu hungern brauchte jedoch niemand. Die Rationen, nach Schwere der Arbeit jedes Einzelnen eingestuft, erlaubten ohne Völlerei eine gesunde Lebensweise. Die Menschen waren nach ihren Konsumbedürfnissen eingeteilt in Kleinstkinder, Kleinkinder, Normalverbraucher, Schwerarbeiter und Schwerstarbeiter. Wer aber noch Land und Garten hatte, dem wuchs doch noch ein gewisses Zubrot heran, denn die Ablieferungspflicht konnte nicht jeden Quadratmeter erfassen. Vater brachte mit dem Aufbruch des erlegten Wildes – Herz, Lunge, Leber, Nieren – zusätzlich weiteres Fleisch nach Hause.

In klaren, ruhigen Nächten dröhnten vom Himmel herab die Geräusche der Fliegermotoren, denn englische Bomber kreisten über Deutschland und warfen wahllos ihre Last ab.

Selbst nach Berlin kamen sie, obwohl Hermann Göring laut verkündet hatte, dass er Meyer heißen wolle, wenn nur ein Flugzeug des Reiches Hauptstadt erreichen würde. Nun hieß er Hermann Meyer, aber nur hinter vorgehaltener Hand. Das mit dem Tode bestrafte Delikt der Wehrkraftzersetzung ließ sich von den Blutrichtern leicht anwenden.

Evakuierte – Ausgebombte

Hitlers Krieg drang bis in die bescheidenste Stube der kleinsten Hütte. Bereits kurz nach Beginn der Kampfhandlungen mit Frankreich im September 1939, die erst noch recht kommod verliefen – »La Drôle de Guerre« – aber mit leichtem Artilleriegeplänkel die Einwohner der Stadt Saarbrücken und andere Ortschaften des Saargebietes gefährdeten, wurde ohne Umschweife die Räumung befohlen, und mit wenig Gepäck trafen die Evakuierten auch in Friedrichsfeld ein. Wir mussten zwei Frauen und ein Kind aufnehmen und unsere zwei Fremdenzimmer dafür zur Verfügung stellen. Spannungen blieben nicht aus, obgleich meine Eltern sich redlich um sie bemühten und Mutter anfänglich sogar noch für sie kochte. Nach Ende des Frankreichfeldzuges kehrten die Saarländer sogleich in ihre unzerstörten Städte und Dörfer zurück.

Mit der Verschärfung des Luftkrieges suchten die ersten Ausgebombten aus Kassel Schutz auf den Dörfern, und so wurde das Forsthaus recht bald wieder von dieser neuen Kategorie der Kriegsgeschädigten bewohnt. Ich merkte von ihnen erst etwas, als ich nach dem Kriege nach Hause zurückkehrte. Die »Kasseläner« suchten in jener Zeit recht schnell jede Gelegenheit, um in ihre Heimatstadt, wenn auch anfangs unter schwierigen Wohnverhältnissen, zurückzukehren.

Von der Schulbank in den Krieg

Die schnelle Besetzung von Norwegen und Dänemark und der Blitzfeldzug gegen Frankreich ließen die Siegeshoffnungen steigen, aber England konnte nicht erobert werden. Das Kriegsende verkroch sich in die weitesten Fernen. Schnell war das erste Kriegsjahr verflogen, der Schulunterricht ging seinen gewohnten Gang. Ich hatte die Oberprima erreicht und hätte Ostern 1941 das Abitur machen müssen. Der Bedarf an Soldaten wuchs, und wie im Ersten Weltkrieg wurde es zur Ehrensache gemacht, sich freiwillig zu melden. Ich hatte mein 18. Lebensjahr noch nicht vollendet, da war ich schon mit den meisten meiner Klassenkameraden in der Wehrrolle eingetragen. Der letzte Schultag kam urplötzlich. Eine Mathematikarbeit war angesagt, die Arbeitshefte lagen auf dem Tisch, da öffnete sich die Klassentür, der Direktor schaute halb herein. »Helmut, Otto, Gerhard, Horst, ihr seid eingezogen, packt eure Sachen auf der Stelle zusammen und meldet euch bei Hauptmann Stork auf dem Wehrmeldeamt.« Wir verließen ohne viel Aufhebens und ohne Enthusiasmus die alte Penne, die, ohne dass wir das bislang wahrgenommen hatten, viel Geborgenheit gespendet hatte.

Ich wollte zur Panzertruppe gehen. »Da habe ich keinen Platz frei«, sagte Papa Stork. »Du gehst am besten zu den Panzerjägern nach Büdingen, und dem Spieß dort bestellst du einen schönen Gruß von mir.« Wenige Tage später bekam ich die Aufforderung, mich in Kassel in der Hohenzollernkaserne zu melden.

Zur frühen Morgenstunde an einem dunklen Novembertag klopfte es an die Tür des Försterhauses. Davor standen Wilhelm Lieber, Heinrich Scheele und Fritz Langhans. »Komm, Helmut, wir müssen gehen, es ist Zeit.«

Der Abschied von den Eltern war stumm. Ich betrat das brausende Meer des kriegerischen Ungemachs. Doch der unsichtbare Walfisch verschluckte mich wie Jona und spie mich fünf Jahre später unversehrt wieder am heimatlichen Strande aus.

Heinrich und Fritz verschlang die Sturmflut des Krieges.

Helmut Puchert als Soldat

Urlaub vom Krieg

Genau auf den Tag meiner Geburt mit der Vollendung des 20. Lebensjahres, am 20.11.1942, traf ich in der grauen Morgenfrühe eines düsteren Novembers vor dem Elternhaus, der Försterei in Friedrichsfeld, ein. Die zwei Linden vor der Haustür hatte ich im Dezember 1940 als Letztes gesehen, als ich zwischen ihnen als Schüler heraustrat und nun als

Kriegssoldat, als einfacher Gefreiter, wieder zwischen ihnen stand. Zwei Packtaschen auf der linken Schulter, den Karabiner 98 auf der rechten und mit Winterausrüstung bekleidet, eilte ich auf die Eltern zu. Es ist schwierig, die Freude des Wiedersehens in Worte zu kleiden.

Die letzte Bahnstrecke zwischen Kassel und Trendelburg überbrückte ein Zug, gefüllt mit müden, schweigsamen, schlecht gekleideten Arbeitern aus der Nachtschicht der Henschel Werke und einigen Soldaten, Urlaubern wie mir. Der Zug bestand aus einem Gepäckwagen und drei Waggons mit offenen Bühnen, die mir aus der Schulzeit noch wohlbekannt waren, gezogen von einer kleinen Dampflok davor, die sich mit einer Bimmelglocke und einer Dampfpfeife laut vor den vielen unbeschrankten Bahnübergängen bemerkbar machte. Heute ist von der ehemaligen Bahnstrecke zwischen Hümme und Karlsharfen nur noch die Historie der Karlsbahn übrig geblieben. Büsche und Bäume überwuchern die von Schienen, Schwellen und Schotter befreite Trasse.

Damals hatte man alle Lokomotiven mit einer Beschwörungsformel in gotischer Schrift bemalt:

»Räder müssen rollen für den Sieg.
Unnütze Reisen verlängern den Krieg.«

Warum dieser uns angeblich aufgezwungene Krieg, den Hitler aus purer Lust begonnen hatte, auch noch durch das Reisen verlängert werden sollte, wusste niemand zu sagen. Fragen zu stellen, war ohnehin unerwünscht, und wenn sie kritisch waren, sogar verboten mit Androhung selbst der Todesstrafe. Ohnehin war das manchmal notwendige Reisen alles andere als ein Vergnügen in überfüllten, stinkenden Zügen, wo ständige Kontrollen die Regel waren. Die Poesie war erloschen. Das gebräuchlichste Sprachvokabular war der Analgegend entnommen.

Mit zwei schwarzen Gestalten galt es auf den Bahnhöfen erstmalig Bekanntschaft zu machen. Diese starrten von Plakaten die von Kriegsmühlen geplagten Menschen an.

Die eine glich einem Bi-Ba-Butzemann, einem kleinen Kobold mit einem Säckchen auf dem Rücken, wie man ihn uns als Kinder vorgemacht hatte. Das war der »Kohlenklau«. Es sollte heißen: Frieren ist nicht so schlimm, wenn dadurch die Produktion von Kriegsmaterial aufrechterhalten werden kann.

Die andere war heimtückischer. Eine schwarze Gestalt ohne Gesicht und Namen: »Pst – Feind hört mit!« War damit der anonyme Spion gemeint, der die Stimmung der Bevölkerung dem Feind hinterbrachte, oder gar ein Denunziant der Gestapo, der dann den eindeutigen Witzeerzähler hinter Schloss und Riegel oder gar bis zum Fallbeil brachte?

Beide humorlosen Gesellen waren in den Hinterstuben des Goebbels-Ministeriums gezeugt, dann geklont und als Spukgestalten überall dort, wo Staat und Partei sich öffentlich präsentierten, ausgestreut worden.

Vor der von mir und meinen Eltern heiß ersehnten Ankunft lagen eine fast zweijährige Abwesenheit und eine sehr lange Bahnreise aus dem Kaukasus. In Viehwaggons, ein übliches Transportmittel für Truppenbewegungen, für Zwangsarbeiter aus dem Osten und leider auch für Judentransporte nach Auschwitz, aber davon wussten wir Soldaten wirklich gar nichts, rollten wir Urlauber erst an Rostow am Don vorbei und landeten auf einem Bahnhof im Donezbecken. Hier gab es das, was sich der Landser wünschte: Heiße Getränke, aber ohne Alkoholzusatz, heiße Suppe und die üblichen Portionen Kommissbrot, Margarine, Käse und Wurst sowie auch etwas rot gefärbte Reichseinheitsmarmelade. Und noch etwas Schöneres stand bereit, ein richtiger Fronturlauberzug mit Personenwaggons, wie sie in deutschen Eilzügen üblich waren. Wir fühlten uns auf den hellen Holzbänken so wohl wie in einer Luxusklasse. Der Zug rollte sehr langsam dahin, gab es doch Minenanschläge von Partisanen zu befürchten, die das Terrorregime der Nazis (Gestapo, SS und Polizei) förmlich herangezüchtet hatte. Es passierte aber nichts, und mit Erreichen der Reichsgrenze im Protektorat Polen hatte dieser Zug sein Ziel erreicht. Nach Entlausung und nach Abstempeln der Urlaubspapiere begann die Urlaubsuhr für 21 Tage zu ticken, und auf den Tag genau hatte ich wieder hier am gleichen Ort zu sein. Wenn nicht, dann drohte ein Kriegsgerichtsverfahren mit einer Anklage auf unerlaubte Entfernung von der Truppe oder – was lebensgefährlich war – auf Desertieren.

Als Reisemitbringsel für die Familie bekam jeder Urlauber noch ein Paket, gefüllt mit einer großen, dicken Fleischwurst und Keksen, alles dies dem besetzten Land abgepresst. Ein Verbrechen unserer Kriegsgeneration gegen die Menschlichkeit, wie man das heute hören muss? Wir Soldaten machten uns damals darüber keine Gedanken. Kriege sind schon immer so gewesen, und wer nicht daran teilnehmen muss, der sollte dankbar sein. Die einen plündern, die anderen werden geplündert. Das Plündern durch den einzelnen Soldaten war selbstverständlich in der Wehrmacht verboten. Übertretungen wurden mit Erschießen oder Strafbataillon geahndet. Aber Parteiorganisationen aller Art, Sonderkommissionen im amtlichen Auftrag höchster Parteibonzen erlaubten sich Kunstraub usw. So etwas galt als legitim. Nach der Kriegsniederlage übten die Sieger diese Methode in gleicher Weise in deutschen Landen aus.

Was konnte man als einfacher Soldat schon einstecken, zumal wenn man ein geschundener Infanterist war? Der einfache Soldat war bereits zufrieden, wenn er den Tag überlebt hatte und eine trockene Unterkunft fand. Wenn diese noch warm war und er etwas zum Essen und Trinken hatte, glaubte er sich dem Paradies nahe. Ihn interessierten nur seine Sorgen und Nöte und die seiner Kameraden. Den Sorgen und Nöten der vom Kriege geschundenen Bevölkerung stand er fast gleichgültig gegenüber.

Zurück zu meiner Urlaubsreise. Die Freude bei den Eltern war groß, kam ich ihnen doch wie der verlorene Sohn vor. Der Krieg hatte für sie eine Pause gemacht. Für mich war der kleine Heimatort eine Insel der Freude und des Friedens, selbst im zweiten Kriegsjahr von keinem Mangel, was Küche und Keller betraf, bedrückt. Die Nachbarn luden mich zu den Schlachtefesten ein, was mir nicht bekam. Das Essen mit Brat-, Blut- und Leberwürsten, dem fetten Wellfleisch mit Sauerkraut und Fleischklößchen setzte meiner durch eine Gelbsucht geschwächten Galle und Leber zu. Das Gleiche galt auch für die Geburtstagschmauserei mit Honigkuchen (von dem Honig der eigenen Bienen) und die Nusstorte (aus den Walnüssen des eigenen Baums). Da half nur noch magere Diät.

Im Urlaub packte mich erstmalig die Lust am Schreiben. Es entstand das »Kaukasische Tagebuch«. Hätte ich es nicht bemalt, so wäre es wahrscheinlich noch heute in meiner Hand. So aber haben es amerikanische Besatzungssoldaten im April 1945 aus dem Elternhaus mitgenommen. Aufklärung über die Gedankenwelt eines Soldaten des Nazireiches haben sie gewiss nicht gefunden. Als Augenmensch habe ich mehr das beschrieben, was ich gesehen habe: die Landschaft und die Menschen darin.

Meine Kriegszeit und Heimkehr

Über meine Zeit als Soldat in Belgien, Frankreich, dem Balkan, Russland und über die Kriegsgefangenschaft bei den Amerikanern in Italien habe ich an anderer Stelle ausführlich berichtet. Meine Erlebnisse in diesen grausamen Jahren sind aber nicht Gegenstand dieses Buches. Glücklicherweise musste ich als Funker kaum schießen und habe auch keinen Menschen getötet.

Ich hatte Glück und die Gefangenschaft war kurz, sodass ich bald nach Kriegsende in die Heimat zurückkehren durfte. Der letzte Teil meines Weges führte mich zu Fuß von Hümme auf der Landstraße in Richtung Trendelburg. Unterwegs schwang ich mich auf ein Pferdefuhrwerk und eilte im Geschwindschritt dem lieben Heimatdorf zu.

Die Eltern waren nicht zu Hause, wahrscheinlich arbeiteten sie auf dem Försterland. Ich wollte sie durch mein plötzliches Erscheinen nicht erschrecken und schickte deshalb Fischers Leni, das Kind aus dem Nachbarhause, zu ihnen, um bestellen zu lassen, dass ich zurückgekehrt sei. Freudig lagen wir uns in den Armen. Fast fünf sinnlose und irrsinnige Jahre lagen hinter uns. Die Odyssee hatte ein Ende gefunden.

Nachkriegszeit

Was tun?

Diese Frage stellte sich mir nach dem Kriege, denn was hatte ich außer dem Kriegshandwerk schon gelernt mit einem nur als Reifevermerk deklarierten Abitur in der Tasche?

Es war im September 1945, ein schöner Herbst ließ die Früchte reifen. Die Landschaft um Friedrichsfeld gab sich wie eh und je. Der Krieg war vorübergezogen, nur an der Mauer des Forsthauses waren noch einige Rissspuren von Panzerketten zu erkennen. Das zivilisierte, friedliche Leben hatte mich wieder, auch wenn dieses noch lange die Wundmale der Kriegsjahre tragen sollte.

Aber wie sollte ich mich darin zurechtfinden? Welches neue Lebensziel sollte ich mir auswählen? Eine Woche gönnte ich mir Nachdenken, Entspannung und Auffrischung des durch Krieg und Gefangenschaft ausgemergelten Körpers, der auf die gute bäuerliche Kost zunächst revoltierend reagierte. Die nächtlichen Träume brachten Krieg und Kriegserinnerung in unangenehme Gedankennähe und dies auch noch viele Jahre später.

Mit Erschrecken sah ich meine Heimatgroßstadt Kassel wieder. Als ich bei meiner Rückkehr aus den Ruinen des Hauptbahnhofes hinaustrat, um mir das Panorama der Stadt anzusehen, da schaute ich über schmal geräumte Straßen und über ein Trümmerfeld bis hinab in die Fulda-Aue. Nur der alte, dicke Drusel-Turm stand ohne seinen spitzen Ziegeldachkegel inmitten dieser fast menschenleeren, trostlosen Wüstung, in der sich bereits die freundliche Natur anschickte, mit Birkenflug und Weidenröschen einen farbigen, alles verdeckenden Teppich zu weben.

Mit den Fabriken sah es ähnlich aus, und außerdem sollten die noch heilen Reste zusätzlich für die Sieger demontiert werden. Dieser Zustand, an dessen Heilungsprozess so recht keiner glauben mochte, ließ bei mir die Entscheidung reifen, mich von meinem Jugendtraum, dem Chemiestudium, zu lösen. Noch grünte der schöne, vom Krieg unberührte deutsche Wald. Er war gesund bis in das Mark der Bäume. Krank sollte er erst Jahrzehnte später werden, als die Wunden des Bombenkrieges in den Städten verheilt waren.

Die Familientradition brach bei mir urplötzlich durch. Ich wollte Forstmann werden, und weil ich das Abitur, obzwar nur mit Reifevermerk, besaß, sollte es das Studium der Forstwirtschaft sein. Aber flugs stellte sich bereits das erste Hindernis in den Weg. Für den Forstdienst wurde man **vor** Beginn der Lehrzeit und des Studiums »angenommen«. Die »Annahme« sprach während des Krieges der Reichsforstmeister, das war Hermann Göring gewesen, aus. Kurioserweise fragte man selbst nach dem Krieg noch danach, denn dieser hatte zwar sehr vieles zerstört, indes das Ungeheuer Bürokratie nicht besiegen können. Ich konnte deshalb keinen Anspruch herleiten, um auf Ausbildung zu pochen. Aber das störte mich in jugendlicher Unbekümmertheit nicht, glaubte ich doch das Recht zu haben, ein Forststudium beginnen zu können und zu dürfen.

Vor dem Studium galt es eine weitere Hürde zu überwinden, nämlich eine forstliche Lehrzeit von einjähriger Dauer abzuleisten. Ich brauchte aus diesem Grunde einen Lehrforstmeister. Forstmeister Helmut Gusovius, Leiter des Forstamtes Gottsbüren, in dem mein Vater noch Dienst tat, fand sich in seiner immer bestrickenden Liebenswürdigkeit sogleich dazu bereit, als ich ihm meinen Wunsch vortrug. Auch er war erst wenige Wochen vorher aus der Kriegsgefangenschaft zurückgekehrt. Aber der Segen und die bürokratische Einwilligung des Landforstmeisters in Kassel, der sich, weil das Regierungspräsidium auch zerstört worden war, in zwei Holzbaracken am Waldrand in Wilhelmshöhe einquartiert hatte, war dazu die Voraussetzung.

Forstmeister Wandt, mein Vater hatte ihn als Forstamtsvertreter in Gottsbüren kennengelernt, nahm sich meiner an. Ich erklärte ihm meine Lage und bat, ohne daraus irgendeinen Anspruch gegen den Staat auf spätere Anstellung herzuleiten, um Genehmigung, die Lehrzeit in Gottsbüren beginnen zu dürfen. Und, welch ein Wunder, ich bekam, nachdem ich die Bitte schriftlich vorgelegt hatte, die behördliche Genehmigung, und mit dieser Verfügung wurde die Keimzelle für meine spätere Personalakte gelegt, die im Laufe der Jahre regelmäßig wuchs, jedoch keine tumorhaften Schwellungen bekam. Selbst nach meinem Tode wird sie noch in einem Staatsarchiv weiter ruhen, und sollte sie einmal in die Hände eines Forsthistorikers geraten, wird sie von meiner Person nur ein unscharfes Bild widerspiegeln. So habe ich es selbst mit vielen dieser alten Personalakten gehalten. Wie das so mit Akten ist, scharfe Bilder über das Leben können sie nicht zeichnen. In ihnen ruht nur das dienstliche, vorgezeichnete Lebensgerüst, nicht das eigentliche Lebensbild, nur ein grobes Abbild, nicht das Urbild.

Vor mir tat sich ein langer, noch im fernen Dunst verschwindender Weg auf. Aber ich war glücklich, ihn beschreiten zu dürfen, zunächst noch mit Axt und Säge in der Hand und einem festen Willen in mir. Ich wusste, dass er von mir die größten Anstrengungen fordern würde.

Mein Leben als Waldarbeiter

Die Waldarbeiter in der Revierförsterei Friedrichsfeld wurden meine ersten Berufsgefährten, denn die Behörde hatte es mir ja gestattet, mit der Lehre im Revier meines Vaters beginnen zu dürfen. Einige kannte ich bereits aus meiner Schülerzeit.

Da war Adolf Märten, der Haumeister, am Dorfrand in einem kleinen Fachwerkhaus wohnend, das Ställe, Scheune und Wohnräume unter einem Dach einschloss und der einige Morgen Land sein Eigen nannte, die ihm erlaubten, Schweine und zwei Kühe zu füttern, um der Familie mit vier Kindern Nahrung zu geben. Mit ihnen bin ich zur Schule gegangen.

Helmut und Carl Puchert zusammen mit Waldarbeitern und Kulturfrauen (1946)

Gustav Steinmetz, ein hagerer, ausgedörrter Mann, hat bis zu seinem 65. Lebensjahr gearbeitet. Im Nebenberuf verdiente er sich zusätzliches Geld als Dorfmusikant bei Kirchweih, der Kirmes und den Schützen-, Dorf- und Tanzfesten aller Art, die nach Jahren der verordneten Enthaltsamkeit sogleich wieder in Schwung kamen. Hatte doch selbst die Tanzerei im Führerbunker wieder begonnen, als Hitler sich daran machte, Selbstmord zu begehen.

Aus Trendelburg, droben vom Burgberg kam August Nägeler, der

»schwarze August«, öfters zu Widerspruch neigend. Als er Rentner geworden war und glaubte, bei der Rentenberechnung von der Rentenkasse ungerecht behandelt worden zu sein, und seine Prozesse zu keinem für ihn günstigen Ergebnis führten, nahm er sich einen Strick und hängte sich im Kuhstall auf. Tragik auf dem Dorf und Tragik eines Arbeiterlebens.

Heinrich Nägeler, sein Neffe, das Faktotum meines Vaters, wohnte auch in Trendelburg. Er war eine treue, hilfsbereite Seele, handwerklich außerordentlich geschickt und wie mein Vater auch schwerhörig. Er hatte seinem Vaterland mit all seinen Kräften und mit großer Hingabe gedient und dabei keine Reichtümer erworben, wie alle, die die schwere körperliche Arbeit erwählt hatten oder erwählen mussten. Aber sonst hätten sie kein Bargeld verdient.

Aus Deisel, der »Schmalzgrube« Hessens (Schmalz war dort und damals der Inbegriff des Reichtums und Inbegriff des Wohlbefindens), wie die Bewohner ihren Heimatort stolz bezeichneten, marschierten alle Morgen, einer hinter dem anderen her wie eine stattliche Schar Diemelgänse, »Ludchen« Hofmann, Eduard Drönner, Karl Busch und Sohn, Henne »Koarl« (Karl Henne) und ab 1946 noch zwei Flüchtlinge aus dem Sudetenland an – alle zusammen eine stolze Mannschaft ohne Hehl und Fehl und Tadel, ehrlich, offen und arbeitsam. Keiner hatte ein Gramm Fett zu viel am Leibe. Zu den Deiselern, den »Daaselern«, hatte mein Vater ein besonders herzliches Verhältnis, weil er ihre Treue und offene Freundlichkeit schätzte. Sie sprachen einen breiten niedersächsischen Dialekt, die Gottsbürer einen niederhessischen und die Friedrichsfelder keine systematische Mundart.

Deisel, Stammen, Hümme, Sielen, Lamerden und Haueda, alle diese Ortschaften, an der Diemel gelegen, waren uralte Siedlungen und bereits im Neolithikum angelegt worden. Artefakte beweisen dies. Die nicht erklärbaren Dorfnamen weisen auf ein Jahrtausend alte sprachliche Metamorphose hin. Die Urbewohner lebten auf der Hochterrasse des Flusses und waren so vor Hochwasser geschützt. Das saubere Gewässer spendete reichlich Fische, selbst noch nach dem Kriege. Henne Koarl fischte dort eifrig mit seinem Nachen und mit Reusen, denn es wimmelte im Fluss von dicken Aalen, großen Hechten, Weißfischen, Barschen und Äschen.

Ein noch lebhafteres Bild bot sich allmorgendlich in Gottsbüren. Nach allen Himmelsrichtungen schritten die Waldarbeiter, weite Wege vor sich, im Winter noch zur Dunkelheit, in die Waldungen der Forstämter Karlshafen, Gottsbüren und Hombressen und gar bis Veckerhagen. Das Leben in dem alten Wallfahrtsort mit seiner die ärmlichen Fachwerkhäuser überragenden frühgotischen Hallenkirche wurde von Kleinbauern und Waldarbeitern geprägt. Gottsbüren war keine Schmalzgrube wie Deisel. Das konnte man schon am Schnitzwerk der Fachwerkbalken sehen. Im fruchtbaren Schwemmland der Diemel wuchs größerer Reichtum, der sich im prunkvollen bäuerlichen Kunsthandwerk zeigte. Von der alten Wallfahrtsherrlichkeit Gottsbürens war außer der Kirche, die sich stolzer und größer als in den anderen Reinhardswaldorten präsentiert, nichts mehr geblieben. »Misten« zierten die Eingänge vor der »Deele« mit »Ober- und Unterdööre«.

Ich habe vor dem Kriege zusammen mit Studienrat Faust vor der Gastwirtschaft Kuhlmann in Gottsbüren ein Häuserensemble als Ölskizze gemalt. Das dort zu sehende Dorfbild ist verschwunden. In den Sechziger- und Siebzigerjahren tobte wie in den Städten die große Abrisswelle. Sorgfältige Restaurationen gab es erst wieder später, als man sich des Kulturverlustes bewusst wurde. Über die Soziologie von Gottsbüren in jenen Nachkriegsjahren hat Helmut Gusovius, als er schon erfahrener Forstmeister war, eine Doktorarbeit geschrieben.

In diesem mir keineswegs fremden Milieu begann ich mit der Arbeit und hatte mich erst einmal an den sich schnell einstellenden Muskelkater zu gewöhnen. Da musste schon kräftig mit der Axt zugeschlagen und an der Säge gezogen werden. Eine schwere Reinhardswaldbuche, 160 Jahre alt, 30 bis 35 Meter hoch, erforderte die ganze Manneskraft, ehe sie gefällt und aufgearbeitet war. Bis zum Frühstück dauerte es, bis die harten und zähen Wurzelanläufe im Takt beigehauen waren und das große Fallkerbmaul weithin blinkte. Die erfahrenen Arbeiter hatten die Fallrichtung des Stammes bestimmt und danach wurde der Fallkerb angelegt. Um den Stamm herum häuften sich die blitzblanken, frisch duftenden Hauspäne und, wenn es eine Eiche war, so roch es würzig nach Gerbstoffsäuren und Lohe. Dann ging es mit der fein geschärften und der Holzhärte angepassten, richtig geschränkten Säge mit moderner Hobelzahnbestückung ans Werk. Singend sauste das Stahlblech hin und her und fraß sich munter durch das Holz. Im Takt hörte man das schwere Atmen, Stöhnen und Anken der ohne Pause sägenden Holzhauer. Einer von den Älteren setzte den Fallkeil ein, damit der Stamm die vorgesehene Fallrichtung bekam und sich nicht mit tonnenschwerer Wucht auf das Sägeblatt setzte. Rechts und links vom Anschnitt häuften sich die nudelförmigen Sägespäne. Plötzlich knisterte und knackte es aus dem Stammfuß heraus. »He gaaket«, stöhnte einer der nach Luft ringenden Männer, »los, los Jungens, sägt, zieht an, noch schneller!« Die Säge klang noch heller und schon begann sich der Baumriese, von kräftigen Schlägen auf den Keil getrieben, langsam, langsam zu heben und zu neigen. Bis zum letzten Moment musste die Säge hin- und hergerissen werden. Immer lauter knackend, als wollte sich der Baum in seiner Todesstunde schreiend wehren, begann der Riese sich zu neigen. »Achtung, Achtung, he kippet!« Wir sprangen seitwärts zurück. Krone und Stamm rauschten lauter und schneller pfeifend durch die kalte Winterluft. Dann ein ohrenbetäubendes Krachen und Splittern wie bei einem Granateinschlag, hoch stäubte der pulvrige Schnee, die Kronenäste brachen in sich zusammen wie die Rippen eines Sauriers. Der Stamm hob sich noch einmal mit heftigen Zuckungen und fiel dann dumpf wie im Sterben zurück. Stille kehrte wieder in den Wald ein. Die Arbeiter atmeten tief durch, trotz der Kälte erhitzt, und legten das Werkzeug ab.

Die Frühstückspause am offenen Feuer war wohlverdient. »Junge«, sagte Ludchen, »Junge, deck dich den Rücken gut zu, damit du es nicht im Kreuz bekommst!« Man hatte nämlich beim Sägen und Hauen alle Oberbekleidung bis auf die schafwollene, von den Frauen gestrickte Weste abgelegt und das auch bei minus zehn Grad Kälte. Jetzt aber genierte man sich nicht und griff zu Brot, Speck und Wurst und, wenn die Hühner legten, zu frischen Eiern. Die schwarze Pfanne wurde aus dem speckigen Rucksack gezogen und auf die glühenden Holzkohlen gestellt. Dazwischen kochte der Malzkaffee in der blechernen Kaffeeflasche.

Wer wusste schon etwas von Blutfetten und Cholesterin. Der Körper brauchte die energiereiche Nahrung, zusätzlich angereichert durch scharfen, selbst gebrannten Rübenschnaps.

Als später die weniger kräftezehrende Motorsäge Eingang in die Waldarbeit gefunden hatte und die Arbeiter ihre bisherigen Ernährungsweisen fortsetzten, traten die Kreislauf- und Stoffwechselerkrankungen auf.

Nach dem Essen wurde selbst angebauter und nach eigenen Rezepten fermentierter Tabak in die Pfeife getan und mit einem Stück glühender Holzkohle, die man mit den schwieligen Händen aus dem Feuer rakte (hervorholte) angezündet. Mühsam dehnte man die Glieder, stelle sich rückwärts an das Feuer und ließ die heiße Luft am Körper entlangströmen.

Zurück zum gefällten Baum; von der Krone her wurde der Baumriese zerlegt, die abgesplitterten Braken (Äste) mit der Axt zu Reiserknüppel gehauen. Die Bügelsäge diente zum Einschneiden der Brennknüppel und Scheite, die mit Spalthammer und Keilen auseinandergerissen wurden. Dann kam das Schwellholz an die Reihe. Es durfte nicht zu krumm sein. Die Bahn brauchte damals sehr viel davon. Zuletzt blieb das wertvolle Furnierholz für die Buchenschälwerke an der Weser übrig. Ich habe mich bei dieser schweren Arbeit körperlich wohlgefühlt und habe mich auch nie erkältet, selbst wenn es kalt war oder wenn es gar schneite und regnete.

Geistig eingeengt waren sie nicht, die Arbeiter, in deren Kreis ich mich eingereiht hatte. Sie besaßen eine natürliche Klugheit und Weisheit und das Schulwissen, das ihnen die Volksschule mitgegeben hatte. Ich bedauere es noch heute, dass ich damals nichts von ihren blumigen Redewendungen und Erzählungen aufgeschrieben habe, die viel Ursprünglichkeit besaßen und auch ein Teil unserer Sprachkultur sind, die nicht von studierten Germanisten allein getragen werden kann. Als Proletarier im Sinne demagogischer Politiker konnte man sie nicht einstufen. Sie waren nicht in einer Fabrikarbeitermasse untergegangen. Jeder besaß ein Häuschen, ein Äckerchen, eine Wiese, ein bis zwei Kühe, einige Schweine und was es da sonst noch an Kleinvieh gab. Ihre Frauen schafften gleichfalls tüchtig in der Landwirtschaft und sorgten für eine zahlreiche Kinderschar. Unter drei Kindern machte man es nicht. In Gottsbüren war ein Dutzend davon in einer Familie nicht selten. Kindergeld gab es nicht, nur in der Nazizeit das Mutterkreuz für die abgeschafften Mütter und Frauen.

Aus Tradition wählten sie nach dem Kriege wieder die SPD, nachdem sie über ein Jahrzehnt geglaubt hatten, ihre politische Zukunft in der NSDAP zu finden, auch weil sich die Nazigrößen ohne sich zu zieren, jovial tuend, unter die Arbeiter mischten.

Als das Geld nach dem Kriege keinen Wert mehr hatte und nur dem Wert entsprach, was auf Bezugsscheinen angeboten werden konnte, hieß es, selbst ist der Mann. Die Wirtschafts- und Ernährungsämter waren damals die wichtigsten Behörden, denn sie verwalteten den Mangel. Selbstverständlich blühte der Schwarzhandel. Ware wurde gegen Ware getauscht, wobei vieles davon aus dunklen Ecken stammte. Da die brutale Blutjustiz der Nazis nicht mehr existierte, sahen die wenigen, die man bei verbotenen Geschäften ertappte, und das waren in der Regel die kleinen Leute, den Prozessen mit Gelassenheit entgegen. Im Grunde genommen schufteten die redlichen Arbeiter für einen Hungerlohn und schufen doch beim Wiederaufbau der Wirtschaft erhebliche volkswirtschaftliche Werte, die bei der Währungsreform zu Buche schlugen, an deren Nutznießung sie jedoch keinen Anteil hatten.

Unsere Waldarbeiter konnten neben ihrem Lohn, der bei Zeitarbeit nur 35 Pfennig je Stunde betrug, Deputatbrennholz und -bauholz für ihr Haus beziehen. Aber das war schon alles, abgesehen von der Schwerstarbeiterkarte, die ihnen zusätzliche Lebensmittel bescherte. Darauf waren besonders die Flüchtlinge und Heimatvertriebenen aus, denn die hatten keinen Acker, auf dem sie sich einige Nahrungsmittel ziehen konnten. Aber man gab ihnen Gartenland pachtweise aus dem Besitz des Gutes, dessen Eigentümer als Parteiredner schwer belastet war.

Heinrich Nägeler war ein geschickter und tüchtiger Waldarbeiter, die anderen nicht minder. Heinrich musste sein Haus reparieren, aber es gab keine Baustoffe zu kaufen. Aus der Not machte er eine Tugend. Draußen im Walde behaute er Eichenrundstämme mit seinem papierscharfen Zimmermannsbeil zu gut geformten, vierkantigen Balken. Mit einer von Holzkohle geschwärzten Schnur wurden auf der Rinde die Schlaglinien durch Hin- und Herziehen aufgetragen. War der Stamm ganz gerade, so konnte man an ihn zwei Schnüre anlegen. So einen nannte man zweischnürig. War er in eine Richtung gekrümmt, so gelang das nur mit einer Schnur, er konnte sich einschnürig nennen. War er aber in mehrere Richtungen gekrümmt, so nannte man ihn unschnürig. Die alten Fachwerkhäuser haben ihr individuelles Gesicht dadurch bekommen, dass die Zimmerleute gar viele einschnürige Balken mit mehr oder weniger starken Krümmungen verwenden mussten, denn das Bauholz, besonders das Eichenholz, war über viele Jahrhunderte hinweg sehr knapp. Erst heute ist Holz in Deutschland zu einem Überflussgut geworden.

Steine für sein Haus richtete sich Heinrich in den Waldsteinbrüchen mit Richtscheit, Holzhämmern und Meißeln selbst zu. Am späten Abend kam Heinrichs Frau mit dem von einer Kuh gezogenen Wagen.

Langsam, ganz langsam zog das Hornvieh den Ackerwagen mit ein bis zwei Balken und einigen Hausteinen beladen wieder nach Hause. Ein Zwölfstundentag mit schwerer Knochenarbeit war dann für Heinrich zu Ende gegangen.

Waldarbeiter mit »Rückepferden«

Vertriebene

Im Sommer 1946 kamen dann zügeweise die Vertriebenen aus dem Sudetenland und aus der Tschechoslowakei in eine neue, zwangsweise zugewiesene Heimat. Sie waren die eigentlichen Verlierer des Krieges. Da standen sie dann eines Tages auf der Dorfstraße als verlorenes Häuflein und hatten nur eine bescheidene Habe von 40 kg Gepäck bei sich. Unsere Dorfbauern hatten sie mit Pferdefuhrwerken vom Bahnhof abgeholt. Sie kamen aus Dörfern des Sudetenlandes und waren das harte

Landleben mit viel Arbeit gewohnt, und deshalb waren auch die Friedrichsfelder Großbauern erpicht, sich mit Landarbeitern zu versorgen.

Meine Eltern suchten sich ein altes, aber doch sehr rüstiges Ehepaar aus dem Böhmerwald aus: Andreas und Helene Pilsl. Es waren liebe, nette und treue Menschen, unverbildet, bescheiden und ein karges Leben als Arbeiter gewöhnt. Nach altem kaiserlich und königlich österreichischem Brauch redeten sie mich immer mit Herr Helmut an. Ihr eigenes kleines Anwesen hatten sie am Abend ihres Lebens verloren. Man hatte es ihnen genommen. Welche Tragik für einen Arbeiter. Wie der Flüchtlingszug, den Goethe in »Hermann und Dorothea« in Hexametern beschrieben hatte, kamen sie nicht daher, denn sie waren ganz ohne Vieh und Wagen und der Habe darauf.

Das Flüchtlingsehepaar Pilsl

Die deutsche Volkswirtschaft blühte in den Nachkriegsjahren auch dank des Fleißes der Zuwanderer bald auf. So verwandelten sich die Grausamkeiten der Vertreibung zu Segen und Wohlstand. Bald erkannten die Tschechen, welchen Schaden sie sich selbst beigefügt hatten, weil sie die fleißigen Menschen vertrieben hatten, die in einer neuen Heimat neue Industrien aufbauten.

Die Flüchtlinge, wie sie selbst noch nach Jahren hießen, waren binnen kurzer Zeit in die Dorfgemeinschaft aufgenommen worden. Friedrichsfeld hatte sich mit seiner Einwohnerzahl mit einem Sprung verdoppelt. Das ehemals rein evangelische Dorf – nur die Nachkommen der einzigen Landarbeiterfamilie aus Polen waren katholisch – bekam eine religiöse Konfessionsmischung. Die Friedrichsfelder Alteinwohner waren den Katholiken gegenüber sehr tolerant, während die erzkatholischen Bauern in der Warburger Börde sehr bald die evangelischen Flüchtlinge fort ekelten.

Die Versorgung der Bevölkerung

Die Nachkriegsjahre bis zur Währungsreform im Jahre 1948, als es pro Kopf 40 DM gab und die Sparkonten 1:10 abgewertet wurden, präsentierten sich für die Stadtbevölkerung als Hungerjahre. Nicht, dass sie verhungern mussten, aber sie hatten sehr zu darben, sofern sie nicht Verwandte auf dem Dorfe hatten. Die Lebensmittelzuteilung im Kriege war besser als nach dem Kriege, übten doch die alliierten Sieger zunächst einmal ihr Racheprogramm an den Besiegten, ehe sie diese zu Verbündeten zweiter Klasse machten.

Die Leute von Friedrichsfeld hatten keine Not zu leiden, selbst die Flüchtlinge nicht. Feld und Wald sorgten für Nahrhaftes. Welch ein Wunder, die Jahre 1946 und 1947 ließen an den Buchen eine Jahrhundertmast heranreifen. »So Gott uns mit einer Mast segnet«, hieß es in einer Waldordnung des 18. Jahrhunderts. Mann und Weib und Kind und Kegel zogen hinaus in den Wald, lasen dort und kehrten den braunen

Samensegen, den »Eckerich«, zentnerweise zusammen. Daraus ließ sich treffliches Öl gewinnen. Dieses und die reichlich vorhandenen Kartoffeln ernährten Mann und Frau und Kind. Die Ölmühlen hatten Konjunktur und die kleinen Erfinder bastelten sich ihre Ölpressen selbst.

Den Tabakgenuss wollten die Raucher nicht missen. Damals gab es mehr davon als heute, kannte man die damit verbundenen gesundheitlichen Gefahren doch nicht. Auch ich zählte zu den Freunden des blauen Dunstes. Deshalb wuchsen in jedem Garten die großblättrigen Tabakpflanzen, und mit der Höchstzahl, die ohne Steuer angebaut werden konnte, nahm man es nicht so genau, denn das Ungeheuer Bürokratie hatte damals noch nicht wie heute die Dimension ausgewachsener Saurier angenommen.

Die Flüchtlinge brachten eine neue Pflanze zum Anbau, den Schlafmohn. Aus den schwarzen, kleinkörnigen Samen der Fruchtkapsel bereiteten sie zu jeder festlichen Angelegenheit den Mohnkuchen. Ach, was wäre das heute eine Angelegenheit für den Staatsanwalt, denn man hätte ja aus dem milchigen Saft der heranreifenden grünen Mohnkapseln Opium und Heroin gewinnen können. Aber davon wusste die biedere Landbevölkerung gar nichts und ahnte auch nicht, auf welch potenziell verbrecherischen Weg sie sich begeben hatte.

Bei der schwarzen Schnapsbrennerei, eingeführt von den polnischen Kriegsgefangenen, passte man schon mehr auf, aber verhindert wurde sie nicht. Es ist auch im Dorf kein Schwarzbrenner angezeigt worden. Grundlage bildete vergorener Zuckerrübensaft. Holz zum Heizen des primitiven, selbst gebastelten Destillationsgerätes gab es genug im Wald und es wurde mit Handkarren herangeschafft.

Noch etwas anderes kam in Mode. Früher sammelte mein Vater als Einziger aus dem Dorf Steinpilze und Pfifferlinge. Aber nun durchschwärmten die Leute aus dem Sudetenland und dem Böhmerwald den Reinhardswald. Sie gingen, so sagten sie, in die Schwammerln. Man schnitt die gesammelten Pilze in dünne Scheiben, zog sie auf lange Fäden und trocknete sie in Wind und Sonne. Das gab dann einen trefflichen Vorrat für die Schwammerlsuppe im Winter.

Das ungeschriebene Gesetz des erlaubten Ährenlesens auf den abgeernteten Feldern wurde weidlich ausgenutzt. Da blieb keine Ähre auf dem Stoppelfeld liegen. Ausgedroschen und gemahlen, gab es noch einen Batzen Mehl und einen Sack voll Schrot als Zubrot für die armen Menschen und ihr Vieh.

Mit dem Schlachten war das so eine ganz besondere Sache. Während des Krieges stand auf »Schwarzschlachten« die Todesstrafe. Die Nazis waren mit »umlegen, erschießen, aufhängen, köpfen und ins Konzentrationslager stecken« immer leicht zur Hand. Schrecken sollte eben Angst erzeugen und die Angst den Gehorsam. Die blutrünstigen Zeiten waren gottlob vorbei, aber es gab trotzdem noch strenge Lebensmittelbewirtschaftungsgesetze. Und die legten fest, dass die zu schlachtende Sau amtlich gewogen werden musste, damit das Schlachtgut bei der Verteilung der Lebensmittelkarten abgezogen werden konnte. So war es bestimmt und so wurde es auch gehandhabt. Nur hatte man nicht mit der Schlauheit der Viehbesitzer gerechnet. Auf dem Dorfe erfreute sich das sogenannte »Wiegeschwein« eines langen und beliebten Lebens. Es wurde nicht fett gemästet, sondern mit gesundem Fressen auf Normalgewicht gehalten und, intelligent wie Schweine nun einmal sind, fand es ohne große Mühen des Viehtreibers ganz alleine den Weg zur amtlichen Viehwaage. Und dann, welch ein Wunder, wenn es dann geschlachtet wurde, hatte es sein Gewicht um ein Vielfaches vermehrt! Natürlich blieb dieser Trick den wachsamen Lebensmittelbewirtschaftungsämtern nicht verborgen. Deshalb wurde bestimmt, dass zwei Flüchtlinge nach dem Wiegen den Schlachtakt zu beobachten hatten. Aber die Flüchtlinge hatten ja selbst Hunger nach frisch Geschlachtetem, nach fetter Blut- und Leberwurst, nach Speck und Schmalz. Deshalb, nichts geht doch in allen Zeiten über eine schöne Korruption. Und bei Hunger wird jeder allemal schwach.

Schweineschlachtung 1964

Aber da gab es ja noch Wild im Wald. Die Amis übten zwar die Jagd-hoheit aus und zogen kreuz und quer durch die Bestände und schossen mit automatischen Waffen auf jegliches Tier. Viel haben sie jedoch nicht angerichtet, denn das Wild wusste sich bei der lärmenden Annäherung der Soldaten wohl zu verstecken.

Die Sauen vermehrten sich rapide, auch das Rotwild. Um an die Sauen zu kommen, bauten wir zwei Saufänge, einen in der Erde, nach dem Prinzip der Klappfalle, den anderen oberirdisch mit Palisadenzaun und Falltor. Beide wurden mit Kartoffeln als Kirrung (Futterlockmittel) bestückt, und bald hatten wir die gewünschte Beute, die unter den Waldarbeitern und dem Förster aufgeteilt wurde. Getötet wurden die gefangenen Sauen mit einer Saufeder, die der Dorfschmied gefertigt hatte.

Eines Abends entdeckte mein Vater eine von den Amis angeschossene Sau. In der Dunkelheit zogen wir mit dem Handwagen hinaus. Vater fing die Sau mit dem Sauspieß ab und wir hatten für die nächsten Tage fetten Braten. Die Beute wurde auch mit den Flüchtlingen geteilt.

Nur der Förster Hugo Zumfelde, ein wilder Jäger, toller Schütze und ein hoch dekorierter Soldat des letzten Krieges, hatte vor den Amis keine Angst, ging regelmäßig alleine wie ein Wilderer auf Saujagd und erlegte unter den Augen der Besatzer 80 Stück.

Als die Sauen immer mehr Schäden auf den Feldern anrichteten, wurden sogenannte Polizeijagden angeordnet. Die Förster und Jäger bekamen vor der Jagd Karabiner ausgehändigt, ich auch, und los ging's zur Treibjagd über große Strecken. Meine erste Sau, es war ein starker Keiler, erlegte ich bei einer solchen Gemeinschaftsjagd. Er kam, wie so oft, auf dem Rückwechsel. Einen Jagdschein besaß ich damals noch nicht und hatte auch keine Jägerprüfung abgelegt. Mein Forstdiplom mit den Prüfungsfächern Jagdkunde und Jagdrecht ersetzte diese später.

Wir besaßen hinter dem Forsthaus einen großen Garten. Dort ließen sich viele Stallhasen mästen und in ihm konnten auch die Gänse weiden. Mutter hatte eine gute Hand mit der Anzucht des Kleinviehs, und zur Martinszeit harrte ein Dutzend Gänse darauf, in den Backofen zu wandern. Da ich als Waldarbeiter reichlich Kalorien bei der kräftezehrenden Arbeit brauchte, machte mir das fette Zubrot aus Geschlachtetem und Gebratenem nichts aus. Nur wer darauf unwohl reagierte, der bekam vom Doktor ein einfaches Rezept, das hieß, mit Nachdruck geäußert: »Nichts mehr aus der Pfanne!« Das verstanden die Bauern.

Mit der Nahrungsquelle in Friedrichsfeld im Hintergrund konnte ich in Gießen und Hann-Münden ohne Not studieren. Selbst als man nach der Währungsreform alles kaufen konnte, war doch das Bargeld bei uns sehr knapp, denn Vater war inzwischen als Revierförster in Pension gegangen und das, was die Eltern selbst erzeugten, verbrauchte glücklicherweise kein Geld. Herrliches Obst aus dem Förstergarten wanderte, in Kisten gut verpackt, in meine Studentenbude. Die Bienenvölker, zehn an der Zahl, trugen den Honigsegen aus Wald und Feld zusammen. Als das Geld nichts mehr wert war – der Krieg hatte uns monetär bettelarm gemacht – da blühte wie in alten Zeiten der Tauschhandel. Für Lebensmittel und Zigaretten konnte man alle Dinge des täglichen Bedarfs beziehen. Das Zauberwort hieß: Beziehungen. Es war wie ein Sesam-öffne-dich.

Die Bauern lebten damals in wirtschaftlich guten Zeiten. Üppig prassen konnten sie natürlich auch nicht, und eine gute Maschinenausstattung war bei ihnen auch selten. Arbeitskräfte gab es aber noch genug und oft bin ich auch bei den Nachbarn eingesprungen, wenn die Ernte schnell auf- und abgeladen werden musste, weil schlechtes Wetter drohte. Nichts deutete darauf hin, dass die Bauern 40 Jahre später zu den Kostgängern der Nation dank der Subventionen aus Steuergeldern zählen würden.

Nahrungsmittel sind heute so preiswert wie noch nie, weil ihre Urproduktion dank Düngemitteln, Pflanzenschutzmitteln und Züchtung, Massentierhaltung und einem enormen Maschineneinsatz ungeahnte Höhen erreicht hat. Wie die Zauberlehrlinge produzieren die an Zahl immer weniger werdenden Bauern immer mehr Milch, Fleisch und Getreide. Ja, hätte man diese Nahrungsmittelberge, unter der die Agrar-politik in Mitteleuropa stöhnt, während in anderen Kontinenten noch der Hunger die Menschen quält, doch in der Nachkriegszeit gehabt! Wir hatten sie damals nicht. Kreislauf- und Stoffwechselkrankheiten waren selten, allerdings gedieh die Lungentuberkulose noch recht gut.

Im Nachbarhaus lag ein alter Mann, ein Flüchtling, im Sterben. Ma-genkrebs hatte er. Aber den Umgang und die Zwiesprache mit dem Tode verstanden die einfachen, sehr gläubigen Landsleute. Jeden Abend nach der Arbeit versammelten sich Verwandte und Bekannte im Ster-bezimmer und sangen laut und voller Melancholie von der christlichen Botschaft, vom Leben und vom Sterben und von der schönen, verlas-senen Heimat. Sie begleiteten den Hinübergehenden auf der letzten Wegstrecke des Lebens und sie ließen ihn nicht allein bis über seine letzten irdischen Minuten hinaus. Ach, wie arm und hilflos stehen wir modernen Menschen mit all unserem Reichtum, unserer glitzernden Technik und unserem angeblich so hohen Wissen dem natürlichsten Teil unseres Lebens, dem Tode, gegenüber. Er, der Tod, lässt sich nicht kaufen und er zeigt uns, dass wir von ihm eingeschlossen sind wie Ge-fangene hinter Lebensgittern und nur noch auf die Metamorphose in das göttliche, immaterielle Sein im Glauben hoffen dürfen. Wer wie jener unbekannte alte Mann, von dem ich erzählt habe, von Mitmen-schen auf dem letzten Weg begleitet wird, der stirbt wohl.

Die Entnazifizierung

Davon war ich zwar nicht betroffen, denn als ich Soldat wurde, gehörte ich nur einer NS-Gliederung an, der Hitlerjugend, der HJ. Eine automa-tische Übernahme in die Partei, die NSDAP, blieb mir als Soldat während des Krieges erspart. Aus diesem Grunde bekam ich durch das Entnazifizierungsgesetz das Prädikat als »Jugendamnestierter«. Aber meinen Vater traf es umso härter. Er war seit 1933 Parteimitglied, und nun musste er versuchen, sich zu rehabilitieren. Die Entnazifizierungsakte, die ich zu den Familienakten genommen habe, kündet noch davon.

Folgen wir ihr ein wenig, denn was weiß schon die jetzige Generation von den Ereignissen, die in der amerikanisch besetzten Zone, also auch in Hessen, zu einer Haupt- und Staatsaktion gemacht worden sind, weil man glaubte, ein ganzes Volk schuldig sprechen zu können.

Alles begann mit einem 131 Fragen umfassenden Fragebogen, einem Ungeheuer, das es vorher noch nie gegeben hatte, auch wurde Ähnliches später nie wieder geschaffen. Es entsprang dem Weltrichterbewusstsein amerikanischer Bürokraten des Military Government of Germany. Auch ich musste einen solchen ausfüllen. Aus ihm konnte man erfahren, dass es 54 nationalsozialistische Organisationen gegeben hat. Vater war Mitglied der NSDAP, des Reichsbundes der deutschen Beamten, der NSV (Nationalsozialistischer Volksfürsorge), des NS-Reichskriegerbunds und der Deutschen Jägerschaft gewesen. Dass er förderndes Mitglied der SS gewesen war, hat Vater allerdings verschwiegen, denn dazu ist er regelrecht gepresst worden.

Frage Nr. 118, die mir, da ich schon viele Veröffentlichungen geschrieben habe, jetzt besonders nahegeht:

»Geben Sie auf einem Extrabogen die Titel und Verleger aller von Ihnen seit 1923 bis zur Gegenwart ganz oder teilweise geschriebenen, zusammengestellten oder herausgegebenen Veröffentlichungen und alle von Ihnen gehaltene öffentliche Ansprachen und Vorlesungen mit Angaben des Themas, Datums, der Auflage oder Zuhörerschaft an. Falls Sie unter der Obhut einer Organisation standen, geben Sie deren Namen an.«

Die Spruchkammer in Hofgeismar erließ folgenden Spruch am 16. Oktober 1946 gegen den staatlichen Revierförster a. D. Carl Puchert,

Friedrichsfeld, Haus Nr. 3, geb. am 06.03.1887 (a. d. = außer Dienst: Vater war nämlich auf Anordnung der Militärregierung durch seinen Dienstvorgesetzten am 13.03.1946 entlassen worden):

Spruch:
»Der Betroffene wird in die Gruppe IV der Mitläufer eingereiht. Es wird ihm folgende Sühnemaßnahme auferlegt: Eine Sühne von 1.500,– RM für Wiedergutmachung. Die zurzeit den Ostflüchtlingen zur Verfügung gestellten Möbelstücke soll er der Kreisstelle der deutschen Hilfe Hofgeismar übereignen. Die Sachen bleiben weiterhin den jetzigen Flüchtlingen zur Verfügung. Die 1.500,– RM sind bei der Staatskasse Hofgeismar zu zahlen.«

Begründung:
»Der Betroffene war Mitglied der NSDAP seit 1933. Der Betroffene ist schwerhörig und Herr Rechtsanwalt Kölling beantragte deshalb die Verhandlung im schriftlichen Verfahren, dem auch stattgegeben wurde. Nach eingehender Prüfung der Unterlagen und nach eigenen Ermittlungen wurde festgestellt, dass der Betroffene sich nie aktiv im nationalsozialistischen Sinn betätigt hat. Auch zahlreiche Waldarbeiter bestätigten, dass er sich als Vorgesetzter immer korrekt verhalten und niemanden gezwungen hat, der NSDAP beizutreten. Der Betroffene ist als nominelles Mitglied der NSDAP zu betrachten und die Einstufung in Gruppe IV der Mitläufer erscheint gerechtfertigt.
     Die Kosten des Verfahrens trägt der Betroffene. Der Streitwert beträgt 4.709,– RM.«

Am 24.10.1946 wurde Vater wieder in den Staatsdienst eingestellt. In der Zwischenzeit hat er jedoch tatsächlich Dienst in der Revierförsterei Stammen, Forstamt Hofgeismar gemacht. Nominell wurde er dort als Waldarbeiter geführt.

Das alte Dorf, es ist nicht mehr

Was ist aus meinem Heimat- und Bauerndorf Friedrichsfeld in einer Spanne von fünfzig Jahren geworden? Das alte Dorf mit seinen seit Jahrhunderten geprägten Lebensformen ist es nicht mehr. Ist es der Verlust der »guten, alten Zeit«, die es eigentlich nie gegeben hat, die eigentlich nur ein Trugbild der jeweils älteren Generation ist?

Ohne dass es uns so recht in das Bewusstsein rückte, ist das Bauerndorf in eine ganz stille Revolution geraten, in eine Revolution ohne eingeschlagene Köpfe, ohne Aufruhr, Terror auf der einen und Jubelgeschrei auf der anderen Seite. Mehr Wohlstand ist eingekehrt bei den ehemals als reich bezeichneten Leuten und auch bei den ehemals Ärmeren des Dorfes.

Das alte Antlitz des Dorfes musste dafür herhalten und eine neue, schön geschminkte Maske trat an dessen Stelle, sauber zwar, aber auch steril, kurzum, ein Allerweltsgesicht, das nicht weiß, ob es städtische oder dörfliche Eigenschaften herzeigen muss. Der Übergang zwischen Stadt, Land und Dorf ist fließend geworden.

Jedoch hat kein Supermarkt in Gestalt einer flachen, weiß gestrichenen Einkaufsschachtel aus Beton, keine bunte Tankstelle, keine kleine Fabrik, keine Bungalowsiedlung das Dorf ausufern lassen. Aber eine Straße mit Regelquerschnitt und Fußgängerweg, auf dem die Fußgänger zu den seltenen Erscheinungen gehören, führt nach wie vor schnurgerade durch zwei Häuserzeilen. Keine Gänse weiden mehr auf den Grünflächen zwischen Häuserzeile und Straße. Die vielen Miststätten sind verschwunden und man muss schon auf die Suche gehen, um sie versteckt hinter den Anwesen der wenigen verbliebenen Bauern zu finden.

Landwirtschaft betreiben immer weniger Familien in einer von naturferner Industrie geprägten Gesellschaft.

Der Bauer ist zum Prügelknaben der Nation geworden, er gilt als Brunnenvergifter wegen der künstlichen Düngung der Felder und wegen des Einsatzes von verschiedenen Pflanzenschutzmitteln und Insektengiften. Nur noch drei Prozent der Bevölkerung betreiben Landwirtschaft, aber die übrigen siebenundneunzig Prozent wissen es aus Sicht der Großstädte natürlich viel besser, wie man diese zu betreiben hat. Viele Menschen kennen die Zusammenhänge der Nahrungsmittelproduktion ohnehin nicht mehr.

Einst und jetzt

Für die Zugtiere – Pferde und Kühe – musste die Zugenergie als Futter auf einem Teil der Felder gewonnen werden. Dieser Teil fiel deshalb für die Nahrungsmittelproduktion aus. Ein Viertel der Produktionsfläche war für Futterhafer zu reservieren. Heute wird für die Zugmaschinen die Energie in Gestalt von Dieselöl aus irgendeinem ölproduzierenden Land der Welt geholt. Deshalb steht die gesamte Agrarfläche für die Nahrungsmittelproduktion zur Verfügung und trägt zur Überproduktion in den Industrieländern bei.

Das Pferd war als kräftiger Kaltblüter ein Arbeitstier. Es konnte sich selbst seine Nachkommenschaft zeugen. Das ist bei den Schleppern aus naheliegenden Gründen nicht möglich. Das Pferd als Warmblüter ist ein Luxustier, ein Reittier, auch für die bäuerliche Jeunesse des Dorfes.

Die Kuh diente dem Kleinbauern als Zug- und Milchtier, dem Großbauern als Milchtier.

Heute ist die Kuh im Extremfall ein durch Züchtung selektiertes Tier, eine computergesteuerte Fressmaschine ohne richtige Bewegung, zur Erzeugung großer Milchmengen degradiert.

Die Tiere, deren Zahl durch die Feldgröße ihrer Besitzer begrenzt war, lieferten als Abfallprodukte Stickstoff und Mineraldünger in Gestalt von Jauche und Mist. Der Nährstoffkreislauf blieb geschlossen. Heute kann die Zahl der Tiere fast beliebig vermehrt werden, bis hin zur Massentierhaltung. Futter kann beliebig zugekauft werden. Eine Begrenzung ist nur durch die Relation zwischen Kosten und Ertrag gegeben. Es wird eine grässlich stinkende Gülle erzeugt, die in ihrem Übermaß den Nährstoffkreislauf des Bodens aus dem Gleichgewicht bringt und das Grundwasser verdirbt.

Damals gab es eine gemischte Feld- und Viehwirtschaft. Heute sind Feld- und Viehwirtschaft meist getrennt.

Damals gab es viele Tierarten auf dem Hof. Heute meist wenige Tierarten bis hin zur Massentierhaltung.

Einst produzierte der Bauer fast alle Nahrungsmittel für seine Familie und das Gesinde selbst. Heute kauft der Bauer fast alle Nahrungsmittel im Supermarkt.

Damals waren die Felder reich an Kräutern und Beipflanzen aller Art. Ihre Reduzierung geschah auf mechanische Art durch Hacken. Heute sind die Felder ganz arm an Kräutern und Beipflanzen geworden, teilweise bis zu deren völliger Ausrottung durch chemische Unkrautbekämpfungsmittel und einseitige Düngung.

Damals waren fremde Lohnkosten gering. Heute sind fremde Lohnkosten so hoch, dass sie nicht mehr bezahlbar sind.

Damals waren Maschinenkosten gering und Handwerker am Ort. Heute sind die Maschinenkosten hoch. Reparaturen sind meist nur durch Spezialisten möglich, es sei denn, dass der Jungbauer zusätzlich eine Ausbildung als Maschinenschlosser gemacht hat.

Damals gab es keine Staatssubventionen. Heute wird die Landwirtschaft durch den Staat hoch subventioniert.

Einst war die deutsche Volkswirtschaft in der Agrarproduktion nicht autark und importabhängig. Heute ist es umgekehrt, Agrarprodukte werden im Überfluss produziert, Deutschland ist exportabhängig.

Einst produzierte der Bauer alle Früchte, die sein Boden erlaubte. Heute produziert der Bauer nur noch die Früchte, die ihm die höchste Rentabilität versprechen.

Früher gab es meistens große Bauernfamilien mit viel Gesinde. Man hatte keinen Urlaub. Heute sind es meist kleine Familien ohne Gesinde. Weiterhin ist kein Urlaub möglich.

Damals gab es viele landwirtschaftliche Betriebe, kleine und große. Heute wird die Anzahl der landwirtschaftlichen Betriebe immer kleiner. Man konzentriert sich auf Großbetriebe.

Einst war die Kommunikation in der dörflichen Gemeinschaft leicht und einfach. Heute sind viele Betriebe in die Flur ausgesiedelt. Die Kommunikation untereinander ist eingeschränkt.

Einst waren die Kleinlandwirte auch örtliche Handwerker. Der Bürgermeister war ein Bauer. Es gab viele Schüler auf der Landwirtschaftsschule mit ausreichender Ausbildung.

Heute ist für Kleinlandwirte die Landwirtschaft nur noch im Nebenbetrieb möglich. Der Kleinbauer verdient sein Geld in Industrie- und Dienstleistungsbetrieben. Der Bürgermeister ist ein Verwaltungsfachmann mit Parteizugehörigkeit. Es gibt nur noch wenige Schüler auf wenigen Landwirtschaftsschulen mit intensiver Aus- und Fortbildung.

Mundart/Glossar

anken	ächzen
Aufbruch	die Eingeweide von erlegtem Wild
Bansen	Lagerplatz in einer Scheune
bansen	Garben in einer Scheune aufschichten
Bolchenglas	Bonbonglas
Braken	Äste
Bretterhorde	Brettergestelle zum Trocknen und Aufbewahren von Lebensmitteln
Darlecker	Idiot
darleck	blöd __Dölmer Dummkopf
Eckerich	Bucheckern
Fallkerbmaul	Schnittkerbe für die Bestimmung der Baumfallrichtung
Feistzeit	Zeit vor der Brunft
Grummet	Heu aus 2. Schnitt
Hirschfänger	Stichwaffe, oft nur zu Repräsentationszwecken
Hocke	Getreidehaufen
Holzmolle	Holzschale
jagdnietschig	jagdneidisch
Kabe	Kleie, Spreu
Kabeauswurf	Spreuauswurf an der Dreschmaschine

Kieben	Korb
Kiepe = Kötze	Tragevorrichtung
Kleechaisen	Chaisen – zweisitzige Kutsche mit Verdeck
lt. Wilhelm Lieber kleine Kutsche, mit der man kleine Mengen Klee holte	
Klötze	dicke Baumstämme (s. a. Hauklotz/Hackklotz)
Klötzebauer	*Holzrücker lt. Wilhelm Herbold - Bauer, der von der Landwirtschaft allein nicht leben konnte und sich durch Holzrücken etwas dazu verdiente. Nach seiner Meinung damals nicht unbedingt eine allgemein übliche Bezeichnung.*
	Lt. Wilhelm Lieber eine in Hümme übliche Bezeichnung (sein Hümmer Schwiegervater gehörte auch dazu – vergleichbare Friedrichsfelder wurden nicht so bezeichnet).
Kötze = Kiepe	Rückentragekorb
Koppel	Gurt
Kronenhirsch	Hirsch mit mindestens 3 Enden am Ende der Stange
Kulturfrauen	Waldarbeiterinnen, mit der Aufforstung beschäftigt
Mannslüe	Mannsleute
Mast	hier: Tragen vieler »Baumfrüchte« (insb. Eichen, Buchen)
Miste	Misthaufen
misten	Stall ausmisten

Nachen	Kahn
Pääre	Pferde *lt. Wilhelm Lieber Kasseler Platt*
Poppen	Puppen (Pole Poppenspäler)
raken	herausrechen, -harken
Rückekarre	Karre zum Abtransport von Holz aus dem Wald
Saufäuser	Säufer
Sauspieß	Spieß für die Wildschweinjagd
Schnuckewerk	Süßigkeiten
Schöörchen Kautabak	Stückchen Kautabak *lt. Wilhelm Lieber Schorteback*
Senge	Prügel
Schnutte	Schnute
Sulper	Salzlake
Strohdieme/Finne	im Freien geschichteter größerer Haufen Stroh
Toppkauken	Topfkuchen
Weckewerk	Wurstspezialität
Wiebesmenschere	Weiber
Wolfsprossenzehner	Der Wolfsspross ist im Geweih des Rothirsches eine seltene Ausnahme, er befindet sich meist zwischen Mittelsprosse und Krone.
Zichorienargebräu	Zichorienkaffee aus der Wurzel der gemeinen Wegwarte

Personenverzeichnis

Hochzeit in Friedrichsfeld

Friedrichsfeld:

Richard Lotze (29.12.1905 – 25.05.1977): Großbauer und Nachbar (Haus Nr. 4)

Heinrich Hofeditz (09.05.1910 – 6.12.1943): Bauer und Nachbar (Haus Nr. 6), gefallen in Russland

Helene Hofeditz geb. Lotze (13.01.1877 – 09.03.1968): Nachbarin (Haus Nr. 6)

Wilhelm Hartgen (27.10.1906 – 04.08.1937): Schreiner, tödlich verunglückt

Albert Jung (13.12.1900 – 05.11.1945): Landarbeiter

Gustav Steinmetz (20.01.1888 – 07.10-1960): Tagelöhner (1914), Waldarbeiter und Dorfmusikant

Georg Eichenberg (02.01.1872 – 02.05.1971): Land- und Waldarbeiter

Karl Jung (17.01.1899 – 13.03.1984): Maler (1918), Tagelöhner, Holzhauer, Wald- und Landarbeiter, ab 1949 Gemeinderechner

Adolf Märten (17.03.1894 – 07.01.1960): Knecht (1914), Kleinbauer, Waldarbeiter und Haumeister

Friedrich Götte: (26.10.1906 – 28.05.1982): Waldarbeiter und Kleinbauer, nach dem Krieg Krankenpfleger

Wilhelm Lieber: (26.12.1903 – 29.07.1981): (Kleinbauer und Gastwirt, Lebensmitteleinzelhändler (»Kolonialwaren«)

Heinrich Lieber: (27.08.1906 – 28.05.1996): Bauer und Nachbar (Haus Nr. 7), nach dem Krieg Bürgermeister (1962 – 1970), hat anlässlich der 200-Jahrfeier von Friedrichsfeld die Geschichte des Dorfes für einen Festvortrag recherchiert und aufgeschrieben.

Ernst Großberndt (02.10.1911 – 08.04.1980): Schmiedemeister

Helmut Großberndt (*1946): hat eine sehr umfangreiche Fotodokumentation über Friedrichsfeld und seine Bewohner zusammengestellt und sich sehr um den Erhalt der Dorfgeschichte verdient gemacht.

Heinrich Scheele (24.04.1907 – vor 1945): Schneider, vermisst bei der Marine auf See

Karl Langhans (10.01.1868 – 22.06.1952): Schuster

Fritz Langhans (31.03.1904 – 31.07.1944): Bauer, gefallen im Osten

Heinrich Eichenberg (10.01.1904 – 04.08.1991): Schlosser, Arbeiter

Wilhelm Fricke (07.10.1880 – 08.12.1962): Stellmacher, Wagner

Ludwig Fischer (05.09.1902 – 26.11.1969): Hirte, Ortsdiener (»Fischer Lui«: in frühen Jahren Hirte, später verantwortlich für die Verkündung von Bekanntmachungen im Dorf)

Wilhelm Ries (10.06.1878 – 06.06.1959): Dorfschullehrer (1913-1945)

Axel von Hirschheydt (11.07.1900 – 07.10.1971): Landwirtschaftslehrer, Gutsbesitzer (eingeheiratet)

Hofgeismar:

Herr Weidemann: Bürgermeister

Lehrer am Gymnasium Hofgeismar:

Heinrich Henkel: Leiter des Gymnasiums in Hofgeismar

Herr Reichel »Iwan der Schreckliche«: Mathematik

Rudolf Keller: Mathematik

Johannes Leisge: Französisch

Dr. Hans Müller: Französisch

Adolph Faust: Zeichnen und Musik, Gestalter des Heimatkalenders in Hofgeismar

Rudolf »Papa« Storck: Deutsch, Latein und Religion. Während des Kriegs Vorsitzender des VDA und Major der Reserve und ehemaliger Leiter des Wehrmeldeamts in Hofgeismar

Dr. Reichert: Deutsch

Herr Schmidt: Geschichte

Schulprofessor Bachmann (»Prof. Päng«)

Gottsbüren:

Herr Aßhauer »Schollo«: Bauer

Gastwirtschaft Kuhlmann

Trendelburg:

Pfarrer Weise

Heinrich »Heini« Baumann: Gastwirt

Doktor Bleckmann: Landarzt

August Nägeler »schwarzer August«: Waldarbeiter

Heinrich Nägeler: Arbeiter

Deisel:

Siegfried Rosenbaum: Pelzhändler

»Ludchen« Hofmann: Waldarbeiter

Eduard Drönner: Waldarbeiter

Karl Busch und sein Sohn: Waldarbeiter

Karl »Koarl« Henne: Waldarbeiter und Diemelfischer

Hümme:

Wilhelm Herbold (09.12.1907 in Hümme – 06.01.1987 in Friedrichsfeld)
Klötzebauer in Hümme, ab etwa 1945 Bauer in Friedrichsfeld

Er heiratete 1936 Elise (Lisbeth) Hofeditz (Schwester von Heinrich Hofeditz – s. o.) und übernahm nach dem Tod von Heinrich Hofeditz dessen
landwirtschaftlichen Betrieb in Friedrichsfeld (Haus Nr. 6).

Herr Anschütz: Dorfpolizist

Detmold:

Hugo Macht: Großvater von Helmut Puchert und Vater von Elvira Puchert, Truppenunterrichtsleiter bei der Reichswehr und Konrektor einer privaten Handelsschule

Forstbeamte:

Carl Friedrich Puchert (06.03.1887 – 26.03.1962): Förster; Elvira Puchert (24.02.1894 – 20.12.1974): seine Frau

Johannes Fankhauser (21.02.1863 – 01.03.1933): Forstaufseher, Hegemeister (Vorgänger von Carl Puchert)

Förster Redemann (Vorgänger von Carl Puchert)

Förster Herrguth

Oberförster Bachmann

Forstrat Dr. Jacob »Jacöbchen« Bungert,

Förster Schmidt

Prof. Oelkers (Forstliche Hochschule Hannoversch-Münden)

Forstmeister Dr. Helmut Gusovius

Forstmeister Wandt

Förster Hugo Zumfelde